Wörterwerkstatt · Sylvia Englert

Für Barbara Stüdemann

Sylvia Englert,1970 geboren, studierte Amerikanistik ,
Anglistik und Germanistik und absolvierte ein Lektorats-
volontariat. Heute arbeitet sie als Journalistin, Autorin
und Lektorin in einem Redaktionsbüro bei München.
Sie hat u. a. den sehr erfolgreichen Ratgeber »So finden Sie
einen Verlag für Ihr Manuskript« veröffentlicht. Bei Ellermann ist von ihr »Medienmacher. Nachrichten, Soaps und
Online-Magazine« erschienen.

Sylvia Englert

Wörterwerkstatt

Tipps für Jugendliche, die gern schreiben

Ellermann

© Verlag Heinrich Ellermann, Hamburg 2001
Alle Rechte vorbehalten
Covergestaltung: Behrend & Buchholz unter Verwendung
eines Fotos der Bildagentur Premium/Images Colour
Innenillustrationen: Stefanie Scharnberg
Gesamtherstellung: Clausen & Bosse, Leck
Printed in Germany 2001

ISBN 3-7707-3133-6

Inhalt

Hallo!

Auf den ersten Blick ist es schon ein ziemlich komisches Hobby: Man sitzt allein vor dem Computer oder dem Notizblock und hat das »Bitte nicht stören«-Schild an die Tür gehängt. Wenn die anderen wüssten, dass du in dieser Zeit neue Welten entwirfst, Menschen erschaffst, sie alle möglichen Abenteuer erleben lässt und vielleicht umbringst. Wenn die wüssten, dass du gerade Gefühle in Worte schmiedest ...

Vielleicht findest du deine Texte manchmal nicht gut genug, vielleicht möchtest du gerne noch besser schreiben können. Glückwunsch, dann bist du hier richtig: In diesem Buch findest du einige der Tricks, mit denen Geschichtenerzähler und Dichter über Jahrhunderte hinweg gelernt haben, ihr Publikum an sich zu fesseln. Es sind Dinge, die du im Deutschunterricht nicht erfahren wirst, die dir aber sehr wahrschein-

9

lich später sozusagen als »Nebeneffekt« in Deutsch helfen werden: Wie macht man eine Geschichte spannend? Wie schreibt man einen pfiffigen Dialog? Wie wird ein Gedicht unvergesslich? Wahrscheinlich hättest du das alles selbst auch irgendwann durch Ausprobieren herausbekommen, aber man muss ja nicht jedes Mal das Rad neu erfinden. Wenn du dich hier über das Handwerkszeug der Profis informiert hast, kannst du darauf aufbauen und deine eigenen Wege gehen. Hauptsache, es macht Spaß!

Wahrscheinlich werden auf diesem Weg viele Fragen und auch ein paar Probleme auftauchen. Schließlich stoßen auch gestandene Schriftsteller im Ozean der Worte ab und zu auf Klippen. Wie man mit Schreibblockaden umgeht, sich Zeit zum Schreiben freibaggert, sich mit Leuten austauschen kann, die auch schreiben und am besten mit Kritik umgeht sind nur einige Themen, um die es hier geht. Wenn du eine Frage hast, die du hier nicht beantwortet findest, oder mir erzählen möchtest, was du so für Erfahrungen mit dem Schreiben gemacht hast, dann schreib mir doch einfach: Sylvia Englert, c/o Ellermann-Verlag, Poppenbütteler Chaussee 53, 22397 Hamburg. Oder du erreichst mich über meine Homepage www.sylvia-englert.de

Wenn du mit dem Schreiben durchhältst und der Stapel der Texte in deiner Schublade immer höher wird, willst du sicher irgendwann auch, dass andere Leute deine Sachen lesen. Ich spreche im Text immer wieder von »dem Leser« – denn einen guten Text schreiben heißt oft, wenn auch nicht immer, auch irgendwelche Leser zu begeistern. Wie du dir solche gar nicht so seltenen Wesen verschaffst, erfährst du ebenfalls in diesem

Buch; auch, was für Wettbewerbe es für junge Autoren gibt, wie man Manuskripte bei Zeitschriften und Verlagen veröffentlicht und wie man eine Lesung hält. Wenn du sozusagen »Blut geleckt« hast und darüber nachdenkst, das Schreiben zu deinem Beruf zu machen, dann findest du hier auch dafür Infos. Lass dich nicht entmutigen: Nicht alle Autoren hocken als »arme Poeten« in Dachstuben, in die es reinregnet!
Übrigens: Im Text zitiere ich immer wieder bekannte und unbekannte Autoren, Fachleute oder Jugendliche, die selbst schreiben. Alle diese »Originaltöne« stammen aus persönlichen oder telefonischen Interviews, die ich für diesen Band geführt habe.

Viele Musenküsse wünscht dir

Sylvia Englert

1. Die vier Geheimnisse guter Autoren

Sie lesen viel

Die meisten Autoren haben knallvolle Bücherregale, stöbern in Bibliotheken und warten gespannt auf die Neuerscheinungen der Saison. Schließlich wollen sie wissen, was die Konkurrenz so schreibt! »Ich glaube, man lernt unbewusst sehr viel, indem man liest«, meint die bekannte Kinderbuchautorin Cornelia Funke (*Drachenreiter, Wilde Hühner-Serie*). Auch Eva Demski (*Goldkind, Das Narrenhaus, Afra*) rät: »Was ich jedem jungen Autor empfehle, ist, dass er liest, und zwar möglichst viel, vor allem Weltliteratur. Er sollte sich nach oben orientieren, nicht um nachzumachen, sondern damit er ein Gefühl für Sprache bekommt.« Doch auch aus schlechten Texten kann man lernen – nämlich wie man es *nicht* machen sollte. Deshalb lies ruhig alles, was dir in die Finger kommt. Querbeet.

Sie schreiben viel

Schreiben ist nicht zuletzt Übungssache, und mit jedem eigenen Text wird man ein kleines Stückchen erfahrener und besser. Fast jeder Schriftsteller, der das Schreiben ernst nimmt, reserviert sich eine bestimmte Zeit zum Schreiben. Die beste Strategie ist, nicht auf Inspiration zu warten, sondern einfach loszulegen!

Sie beobachten

Echt wirkende literarische Figuren setzen sich oft aus vielen Alltagsbeobachtungen zusammen – von einem seiner Freunde hat der Autor eine bestimmte Geste »ausgeliehen«, dem anderen hat er eine bestimmte Sprechweise oder einen Ausdruck abgeschaut, von dem anderen die überschwängliche Art und die Vorliebe für alte BMWs und so weiter. Die meisten Autoren beobachten auch Fremde oder flüchtige Bekannte in ihrer Umgebung genau und bekommen, weil sie die Augen offen halten, viele Situationen mit, die den Stoff für eine Geschichte abgeben könnten. »Ich höre gerne Gesprächen zu. Egal ob in der U-Bahn, im Café oder im Wartezimmer der Arztpraxis«, erzählt zum Beispiel die Autorin Ranka Keser (*Die Mitwisserin, Rebeccas Freundin*). »Das ist oft auch sehr witzig. Wie die Leute sich hineinsteigern, wenn sie über einen Dritten herziehen! Oder die Leidensmienen, wenn sie sich anhören müssen, wie der andere von seinen Verdauungsbeschwerden erzählt!«

Genau zu beobachten kann man trainieren. Fang mit deiner eigenen Familie an: Versuch deinen Vater, deine Tante oder

deine Schwester mal so zu sehen, als hättest du sie eben erst kennen gelernt. Wie reden sie im Vergleich zu anderen? Was für Gesten machen sie beim Sprechen? Haben sie einen Lieblingsausdruck? Wie kleiden sie sich am liebsten? Wie könnte man ihren Gang und ihre Haltung beschreiben? Tragen sie dauernd einen bestimmten Gegenstand mit sich herum?

Sie haben ihr Genre[1] gefunden
Krimi, Thriller, Historischer Roman, Fantasy, Liebesroman, Pop-Literatur und so weiter sind Beispiele für Genres. Viele Schriftsteller probieren mehrere Genres und Textarten wie Romane und Kurzgeschichten (der Fachausdruck dafür ist Prosa), Gedichte oder Drehbuch aus, finden aber dann eine literarische Form und ein Thema, in dem sie ihre Fähigkeiten am besten entfalten können. Oft schaffen sie den Durchbruch erst, wenn sie »ihr« Genre gefunden haben. So war es zum Beispiel mit Bernhard Schlink, der mehrere mittelmäßige Krimis produzierte, die fast völlig unbeachtet blieben. Dann schrieb er zur Abwechslung einen realistischen Roman (*Der Vorleser*) und landete damit einen Weltbestseller. Donna Leon dagegen wurde mit ihren in Venedig spielenden Krimis berühmt. Terry Pratchett mit seinen wunderbar schrägen Fantasy-Geschichten wäre als Autor von Liebesromanen wahrscheinlich ein Flop.
Wenn du herausfinden willst, was für dich das beste Genre oder die beste Textart ist, dann achte doch einfach mal darauf, was du am häufigsten liest oder was dich am meisten

---

1 Fachbegriffe wie diesen findest du im Anhang erklärt.

reizt. Probiere ruhig mal verschiedene Genres – vom Krimi bis zur Liebesgeschichte – und Textarten wie Kurzgeschichten, Lyrik oder Hörspiel aus. Auch deine Stärken und Vorlieben sind wichtig: Hast du eine verrückte Fantasie und interessierst dich für Technik? Vielleicht wäre Science Fiction etwas für dich. Interessierst du dich für Geschichte, könntest du es mit einer Erzählung vor einem historischen Hintergrund versuchen. Wenn du das, was du schreibst, meist in Bildern vor dir siehst, dann wärst du vielleicht ein total guter Drehbuchautor oder – jetzt nicht aufschreien! – wie wär's mal mit einem Bilderbuch für Kinder? Wenn du gerne malst und zeichnest, kannst du die Geschichte selbst illustrieren. Wenn du unheimlich gerne Dialoge schreibst, dann sind vielleicht Theater oder Hörspiel für dich ideale Textarten.

2. Geschichten erzählen

Deine Handlung:
Gute Geschichten »liegen auf der Straße«

Weißt du schon, wovon deine Geschichte handeln soll? Wenn du Lust hast, einen Roman zu schreiben, der im Wilden Westen, in der Andromeda-Galaxis oder in der Zeit Karls des Großen spielt – nur zu. Oder möchtest du eine märchenhafte Reise und Suche schildern wie Salman Rushdie in *Harun und das Meer der Geschichten*? Aber wenn du realistisch schreiben willst, dann am besten über etwas, was du kennst. Man merkt es einem Text an, ob man Bescheid weiß, über was man schreibt, oder nicht. Schau dich einfach mal in deiner Umgebung um, denn du bist von guten Storys umgeben. Die Zeitung ist voll von Ideen zu einer Geschichte oder einem Gedicht. Viele Romane und Erzählungen hatten als Keim eine

kurze Zeitungsmeldung, die die Fantasie des Autors zur Frage
»Was könnte wirklich passiert sein?«, oder »Warum ist das
passiert?«, oder »Was sind oder waren das für Menschen?«,
angeregt hat.

Auf den Straßen deiner Stadt ist eine ganze Menge los, und
wenn nicht, dann kannst du ja über jemanden schreiben,
der dagegen rebelliert, dass so wenig los ist. »Draußen sind
die aberwitzigsten Geschichten, du musst nur rausgehen«,
meint der bekannte Autor Uwe Timm, der sowohl für Erwachsene (*Morenga, Johannisnacht*) als auch für Kinder
schreibt (*Rennschwein Rudi Rüssel*). »Die eigene Familie eignet sich hervorragend. Darin gibt es Schwierigkeiten, wunderbar eigenwillige Menschen, Erlebnisse. Das ist spannend!«[2] Auch was in Schulen so alles geschieht, eignet sich
für Geschichten. Von den Intrigen und Abenteuern, die man
in einem Club oder in den Ferien erleben kann, ganz zu
schweigen.

Sicher hast du auch schon einiges erlebt. Es brauchen gar
nicht mal große Abenteuer zu sein. Wenn du Themen aus deinem Leben für eine Geschichte aufgreifst, dann ist es meist für
den Text besser, wenn du ihn ein bisschen verfremdest, also
wenn die Person anders heißt und aussieht als du und ihre
eigene Persönlichkeit hat. Lass ruhig die Fantasie auf die
Wirklichkeit los, damit das Erlebnis zur »Story« wird: Da war
zum Beispiel deine Rivalität mit diesem Typen im Schwimm-
verein, die dann doch irgendwie im Sande verlaufen ist, weil

---

2 Alle Zitate in diesem Buch stammen aus Interviews, die ich mit dem jeweiligen Autor geführt habe.

der andere die Schule gewechselt hat. Wenn es spannender wäre, daraus ein psychologisches Duell zu machen, das sich am Schluss in offenem Kampf oder sogar in Freundschaft auflöst, dann schreib es doch einfach so! Das Argument »So ist es aber gewesen/nicht gewesen!«, ist beim Geschichtenerzählen unwichtig, außer du schreibst einen Tatsachenbericht oder deine Autobiografie.

Oft schreibt man auch Geschichten oder Gedichte, um Dinge zu verarbeiten, die man erlebt hat, oder weil es einem nicht gut geht. Auch bei Uwe Timm, der mit zwölf Jahren anfing zu schreiben, war das der Auslöser: »Ich habe immer wieder geschrieben, weil ich Probleme mit meinem preußisch-autoritären Vater hatte, weil ich massive Probleme mit der Schule und mit Freunden hatte ... Was dabei herauskam waren Tagebucheinträge, Aufsätze, aber auch immer wieder erfundene Geschichten.«

Wenn man sehr persönliche Texte anderen zu lesen gibt oder versucht, sie zu veröffentlichen, muss man schon Mut mitbringen. Du gehst das Risiko ein, dass du verletzt wirst, wenn diese Arbeiten bei den Lesern nicht so gut ankommen. Überleg dir gut, ob bestimmte Texte nicht besser im Tagebuch oder in der (abschließbaren) Schublade aufgehoben sind. »Ich habe immer Tagebuch geschrieben«, erzählt Bettina Hübner, die mit 14 Jahren anfing, Märchen und Kurzgeschichten zu verfassen. Viele Jahre lang machte sie dann beim »Kinder-Jugend-Schreibring« in Halle mit. »Tagebuch war für Dinge, die mit dem Alltag zu tun hatten, bei denen ich das Gefühl hatte, ich muss etwas jetzt unbedingt loswerden. Das andere, was ich geschrieben habe, war dann schon ein Stück weggerückt

von mir und ich habe aus den Ereignissen richtige Geschichten gemacht.«

Doch zurück zu der Handlung oder dem Plot, wie der Fachmann sagt. Wenn du dir nicht sicher bist, ob deine Story wirklich so interessant ist oder ob es sie schon als Buch gibt, dann »teste« sie doch einfach mal bei Freunden und Bekannten, bevor du mit dem Schreiben anfängst. Vielleicht ergeben sich daraus sogar noch ein paar gute Ideen. Wenn du dir in der Bücherei ähnliche Bücher besorgst, dann bekommst du schnell ein Gefühl dafür, wie Profis solche Geschichten anpacken.

 Versuch einfach mal, die Handlung in vier Sätzen zusammenzufassen. Das ist eine ganz gute Methode, um den Kern deiner Story zu finden, sozusagen die zentrale Idee. Denn der Leser will, wenn er den Text liest, als allererstes herausfinden: »Worum geht es da eigentlich?«, und ist frustriert, wenn er es nicht so recht begreift.

Sehr nützlich finden die meisten Autoren eine Art »Projektbuch«. Darin sammeln sie zum Beispiel
- Ideen und Gedanken
- einzelne Sätze oder Szenen, die sie sich selbst ausgedacht haben oder die ihnen in Büchern von anderen Autoren besonders gut gefallen haben.
- spontane Gedichte
- Eindrücke und kurze Beschreibungen

- mögliche Namen für ihre Figuren oder Titel für ihr Manuskript
- Dialogfetzen, die sie von den Plätzen neben sich in der U-Bahn oder in der Kneipe aufgeschnappt haben
- Zeitungsausschnitte von interessanten Fällen

... und alles andere, was ihnen sonst noch so einfällt. So ein Projektbuch (am besten eignen sich kleine Ringbücher) solltest du dir auch anlegen und am besten überall mitschleppen. Wenn dir ein interessantes Thema einfällt, dann kannst du es gleich notieren. »Gleich« sage ich deshalb, weil man besonders tolle Einfälle oft im Halbschlaf hat, und fast immer vergisst man sie bis zum nächsten Morgen völlig. Suchst du mal wieder nach einer Idee, dann blätterst du dein Projektbuch durch und kannst es als »Steinbruch« für eine neue Story nutzen.

Worüber du auch schreibst: Wenn du willst, dass deine Leser am Ball bleiben, dann achte darauf, dass genügend Konflikte in deiner Geschichte sind. Es braucht nicht unbedingt viel zu passieren, denn reine Action kann auch ganz schön langweilig sein. Schon wieder fliegt irgendwo ein Auto durch die Luft oder findet eine Schießerei statt? Gähn! Konflikt dagegen ist, wenn der Police Detective von seinem kriminellen Gegenspieler, der ihm immer einen Schritt voraus zu sein scheint, fast zur Verzweiflung getrieben wird. Wenn ein Mädchen, das gerade entdeckt hat, dass sie schwanger ist, durch die Straßen irrt und sich fragt, was jetzt werden soll und vielleicht sogar an Selbstmord denkt. Wenn ein Junge sich in die Freundin eines guten Kumpels verliebt. Oder wenn – wie im Roman *Jack* von A. M. Holmes – der Held herausfinden muss, dass

sein Vater schwul ist und sich von seiner Mutter getrennt hat, um mit einem anderen Mann zusammenzuziehen. Nicht nur das muss Jack verdauen, sondern auch, dass in der Schule alles bekannt wird und er sich den Spitznamen »Schwulenbaby« einfängt. »Ich kann eine Figur auch einfach nur auf einem Stuhl sitzen lassen, aber dann muss ein innerer Konflikt da sein, damit es spannend ist, dass er einfach nur dasitzt«, erklärt der Kinder- und Jugendbuchautor Mario Giordano (*Die wilde Charlotte, Franz Ratte räumt auf, Der aus den Docks*). »Dann muss ich erwarten, dass er überlegt, stehe ich jetzt auf und erschieße meinen Gegner oder bleibe ich hier sitzen und warte, bis er mich erschießt.«

Ein paar nette Tricks, um Spannung – ob reale oder psychologische – zu erzeugen, sind:

• Der Held oder die Heldin wünscht sich etwas ganz verzweifelt, aber Hindernisse türmen sich vor diesem Ziel auf.
• Die Pläne von Held oder Heldin werden durchkreuzt. O Gott! Was tun?
• Ganz klassisch: Das Rennen gegen die Zeit. Nur 48 Stunden. Oder nur eine Woche. Der Leser fiebert mit.
• Wenn irgendwo eine Bombe explodiert, ist das eine Überraschung. Wenn der Zuschauer weiß, dass die Hauptfigur eine Bombe mit sich herumträgt, ohne es zu wissen, dann ist das Spannung. (Ich wünschte, dieser Spruch wäre von mir. Leider hat es Alfred Hitchcock schon vorher gesagt.)
• Zwischen deinen Hauptpersonen gibt es vermeidbaren Streit oder Missverständnisse, sie verpassen sich knapp, sie stehen sich selbst im Weg. Der Leser ist vielleicht der Einzige, der die Situation ganz durchschauen kann, und

möchte die Hauptperson am liebsten in den Hintern treten: Mach das doch endlich, du Trottel!

Wenn du feststellen willst, ob dein Text Lust aufs Weiterlesen macht, gibt es eine ziemlich einfache Probe. Denk dich mal auf die andere Seite, auf die des Lesers. Am besten ist, wenn dein Leser sich an jeder Stelle des Manuskripts irgendeine Frage stellen muss: Findet Isa den Zauberring? Wie wird Kevin damit fertig, dass der Typ aus der anderen Klasse ihn erpresst? Was ist in dem geheimnisvollen Kästchen, das Anja im Wald gefunden hat? Bekommen sich die beiden, die sich ineinander verliebt haben, aber nicht den Mut finden, es zu sagen? Solange du solche inneren Fragen in deinem Text hast, braucht äußerlich nichts Dramatisches zu passieren. Gibt es sie nicht, dann muss dein Text durch seine wunderbare Sprache oder seinen Witz überzeugen.

TRAINING

Denk mal an ein paar Bücher oder Filme zurück, die du besonders gerne magst, und versuch festzustellen, warum sie so interessant oder spannend sind und wie der Autor das hinbekommen hat. Aber du kannst es natürlich auch umgekehrt machen. Du hast also gerade ein total langweiliges Buch gelesen. Warum war es eigentlich langweilig? Welche Konflikte oder inneren Fragen hätte man einbauen können?

Deine Personen: Abziehbilder gegen den Strich bürsten
Deine Hauptpersonen, die »Helden« und »Heldinnen« (man nennt sie auch Figuren oder Protagonisten) sind unheimlich wichtig. An ihnen hängt die ganze Geschichte. Das kennst du wahrscheinlich auch aus manchen Büchern: Sind die Menschen darin blass, langweilig oder oberflächlich, verliert man schnell das Interesse, auch wenn die Story gar nicht so übel ist.

In schlechten Büchern oder Filmen sind die Figuren nur Abziehbilder: Der coole Geheimagent, die dumme blonde Friseuse, die Karrierefrau. Um solche Klischees (man nennt sie auch »Stereotype«) sollte man in seinen eigenen Texten einen Bogen machen. Die Ausnahme ist natürlich, wenn du es so stark übertreibst, dass deine Leser sofort merken, dass du es nicht ernst meinst.

Häufig sind lieblos entworfene Romanfiguren »eindimensional«: So bezeichnet man eine Figur, wenn sie nur ganz wenige Merkmale und Eigenschaften vom Autor mitbekommen hat und eigentlich auf eine Funktion beschränkt ist: Der Schlägertyp komplett mit Stiefeln und Tätowierungen, die bebrillte Streberin, der Hausmeister mit Besen und grauem Kittel. Du kannst solchen Figuren trotzdem jede Menge guter Effekte entlocken, wenn du sie sozusagen »gegen den Strich bürstest«, das Klischee umdrehst, oder der Person eine interessante Vorgeschichte gibst. Die blonde Friseuse ist vielleicht hochintelligent und verdient sich im Geschäft ihrer Eltern gerade das Geld für ihr Physikstudium, der Schlägertyp ist eigentlich ein ganz sensibler Mensch und versucht nur, möglichst taff zu erscheinen. In Wirklichkeit schreibt er heimlich

23

Gedichte. Auch die »Streberin« muss nicht langweilig sein, vielleicht ist sie eine Diplomatentochter, die in Afrika aufgewachsen ist und dort einiges erlebt hat, bevor sie an der Vorortschule in Hannover gelandet ist? Und der Hausmeister ist womöglich ein ehemaliger Stasi-Agent, der nach der Wende dummerweise enttarnt wurde und keinen anderen Job mehr bekommen konnte …

Genauso wie mit den Standard-Personentypen ist es mit guten und bösen Figuren. Es geht doch nichts über einen wirklich fiesen Schurken, aber in der Wirklichkeit findet man solche Gestalten nur ganz selten. Die meisten Menschen sind in sich widersprüchlich und haben gute und schlechte Seiten, von denen sich mal die eine, mal die andere durchsetzt. Wenn jemand sich mies verhält, hat das meist einen Grund. Wenn du also eine Unterhaltungsgeschichte schreiben willst, dann ist absolut nichts dagegen zu sagen, dass du einen Bösewicht und einen Helden auftreten lässt. In einer realistischen Geschichte ist Schwarzweiß-Malerei dagegen nicht so gefragt, da geht es mehr um die Motive und Gefühle ganz normaler Menschen.

Wenn man glaubwürdige, »mehrdimensionale« und interessante Personen schaffen will, muss man sich eine Weile mit ihnen beschäftigen und ihnen ein Äußeres, ein Innenleben und eine Vorgeschichte geben. So macht es auch die Autorin Cornelia Funke: »Ich bereite meine Texte ganz genau vor und lebe auch erst mal ein paar Wochen mit den Figuren, ehe ich anfange – dann geht das Schreiben relativ flüssig. Bei *Drachenreiter* war es so, dass ab Seite 150 die Figuren die Handlung übernahmen, die machten plötzlich vollkommen andere

Sachen als ich das erwartet habe. Ich war oft überrascht, und das war sehr aufregend.«

Über deine wichtigsten Figuren solltest du wissen:

* Wo kommen sie her, was für einen Hintergrund haben sie? Sind sie im Hochhausviertel aufgewachsen oder dort, wo die protzigen Villen stehen? Wie sind sie damit klargekommen? Was waren ihre Eltern für Menschen?
* Wofür interessieren sie sich, was sind ihre Träume oder Wünsche? Wovor haben sie Angst? Wie sehen ihre Zukunftspläne aus?
* Was für eine Persönlichkeit haben sie? Verträumt, ein bisschen vorlaut, fröhlich-chaotisch ...?
* Wie sehen sie aus?
* Wer sind ihre Freunde – haben sie viele oder gar keine? In wen sind sie verliebt? Wer ist ihr großes Vorbild oder ihr Idol?
* Wie sprechen sie, wie bewegen sie sich, wie ziehen sie sich an, was für Musik hören sie? Was machen sie in ihrer Freizeit?
* Was für besondere Gegenstände tragen sie mit sich herum oder besitzen sie? Hat dein Schurke immer ein vergoldetes Handy in der Jackentasche, hat deine Heldin ein Feuerzeug in Froschform, mit dem sie herumspielt, wenn sie nervös ist?
* Was für kleine Macken und Angewohnheiten haben sie?

Gerade die kleinen Details sind wichtig, wenn du eine Person erschaffst, denn sie machen sie erst richtig lebendig. So wie Spock aus den alten Star Trek-Filmen: Sein »Faszinierend!«, mit leicht hoch gezogener Augenbraue war berühmt. Am bes-

25

ten gibst du jeder Figur ihre ganz eigenen Angewohnheiten, Sprechmarotten, Ticks, typischen Bewegungen.

Natürlich ist die Versuchung groß, Menschen, die du kennst, als Vorbilder zu nehmen und nur die Namen auszuwechseln. Das ist erlaubt und in der Literatur auch gar nicht selten. Damit riskierst du nur, dass sich später in deinem Text jemand wieder erkennt und vielleicht nicht so begeistert davon ist ... Profis schreiben zur Sicherheit vorne ins Buch, dass Personen und Geschehnisse garantiert frei erfunden sind. Manchmal wissen alle Beteiligten genau, dass das nicht stimmt.

Wenn du dir alle diese Einzelheiten über deine Figuren überlegt hast, dann wirst du merken, dass es nun viel einfacher ist, deine Geschichte zu schreiben. Du wirst wissen, wie deine Heldin sehr wahrscheinlich reagieren wird, wenn sie auf der Straße von einem schmierigen Typen dumm angemacht wird – wird sie erschrecken und ängstlich schneller gehen, wird sie mit einem frechen Spruch kontern oder ihren neusten Karateschlag an ihm ausprobieren? Wenn du eine Figur etwas tun lassen willst, das ihr eigentlich nicht ähnlich sieht, dann musst du dem Leser schon überzeugend erklären, was für Gründe sie dafür hat. Sonst fällt der Widerspruch unangenehm auf.

Es ist eine Kunst, eine Person im Text zu charakterisieren, also dem Leser möglichst schnell zu vermitteln, was für ein Mensch diese Katja, dieser Jonathan, dieser Herr Weidenknecht ist. Hier gilt: Zeigen, nicht erzählen! Wenn ein Junge ständig den Witzbold spielt, das aber mehr aus Unsicherheit macht und weil er so Anerkennung finden will, dann sag es dem Leser nicht einfach. Zeig den Jungen sozusagen »in

Action«. Schreib eine Szene, in der dein Held dumme Witze reißt und die Lehrer ärgert, während seine Klassenkameraden vor Lachen unter den Tischen liegen. Aber wenn die anderen nachher zusammen weggehen, bleibt er allein und ein wenig hilflos zurück.

Am besten charakterisiert man durch Dialog und durch Taten, also was deine Figur sagt oder tut. Damit verrät sie sehr schnell, was für ein Mensch sie ist. Hier ein Beispiel aus dem Buch *Der Prinz und der Bottelknabe oder Erzähl mir von Dow Jones* von Kirsten Boie, einer Verwechslungsgeschichte der beiden Doppelgänger Kevin und Calvin, der eine arm, der andere reich:

> »Du siehst ja vielleicht aus!«, sagte Jacqueline, als sie mir die Tür aufmachte. Offenbar war sie gerade von ihrem Friseur zurückgekommen. Sie duftete noch immer wie eine ganze Budnikowsky-Filiale. »Irgendwas passiert?«
>
> »Nee, alles okay«, sagte ich und ließ meine Plastiktüte auf den Boden fallen. ... »Ich hab mir eine Levi's gekauft.«
>
> Jacqueline tippte sich gegen die Stirn. »Von was?«, fragte sie und war schon an der Tüte. »Wovon«, sagte ich. »Vom Zeitungsgeld. Die war runtergesetzt auf die Hälfte.«
>
> Jacqueline hielt die Hose in die Luft und inspizierte sie mit sachkundigem Blick. »Geil!«, sagte sie. »Total gut. Du hast wohl den Arsch offen, was? Vom Zeitungsgeld! Das gibt Hiebe.«
>
> »Wieso nicht?«, sagte ich und schnallte ihr die Hose weg. »Ist schließlich mein Geld.«

Jacqueline zog den Mundwinkel hoch. »Na, da wird Mama ja staunen«, sagte sie. »Dass das neuerdings dein Geld ist«, und sie drückte auf die Fernbedienung. Auf dem Bildschirm erschienen nacheinander fünf verschiedene Serien, bis Jacqueline endlich bei VIVA war. »Sie muss das Telefongeld noch bezahlen.«

»Was?«, sagte ich, aber Jacqueline wiegte ihren Oberkörper schon im Takt der Musik.[3]

In einer kurzen Szene hat Kirsten Boie nicht nur Jacqueline und die soziale Situation der Familie charakterisiert, sondern auch einiges über den Erzähler Calvin ausgesagt. Er ist gewohnt, sich mal eben eine Levi's leisten zu können, und hat nicht wahrgenommen, dass sein selbst verdientes Geld in der Familie dringend gebraucht wird. Außerdem hat er die bessere Bildung und ist arrogant genug, es auch zu zeigen.

Am besten ist natürlich, wenn die Hauptpersonen nicht die ganze Geschichte hindurch gleich bleiben, sondern sich entwickeln. Je mehr man erlebt, desto mehr verändert man sich ja auch. Das gilt auch für Figuren in Geschichten. Ein Beispiel: Zu Anfang der Erzählung ist die Heldin ziemlich still und lässt sich von einer Anmache völlig einschüchtern. Dann findet sie eine Freundin, die ganz anders ist, viel frecher, genau so wie es die Heldin selbst gerne wäre. Die beiden ziehen gemeinsam herum und erleben alles Mögliche, die Freundin ermutigt sie, zu sagen, was sie denkt und für sich selbst einzustehen. Zum Schluss ist die Heldin selbstbewuss-

---

3 Die Informationen, aus welchen Büchern die zitierten Textstellen stammen, findest du im Anhang.

ter geworden. Als sie mal wieder in der U-Bahn angemacht wird, erlebt der Typ sein blaues Wunder!

Wenn du eine Figur aufwendig einführst, dann sollte sie im weiteren Verlauf der Geschichte auch wichtig werden oder zumindest später noch mal auftauchen. Genauso ist es übrigens mit Gegenständen: Wenn in einem Krimi eine ganze Wand voller antiker Waffen hängt, dann wäre es ziemlich enttäuschend für den Leser, wenn sie im Laufe der Handlung nicht für einen Mord benutzt werden würden. Umgekehrt wäre es verwirrend, wenn dein Held in der Mitte einen wichtigen Gegenstand benutzt, der vorher nie erwähnt wird und von dem der Leser nicht wusste, dass er existiert. Wichtige Entwicklungen in der Story sollte man »vorbereiten«.

Zum Schluss dieses Abschnitts noch eine wichtige Frage: Magst du die Figuren in deiner Geschichte? Wenn sie dir, dem Autor oder der Autorin, egal sind, dann wird es dem Leser wahrscheinlich ähnlich gehen. Also entwirf ruhig Figuren, die dir sympathisch sind, oder (wenn sie zu den »Bösen« gehören) vor denen es dich richtig gruselt, die dich aber auf jeden Fall interessieren oder beschäftigen.

Struktur und Perspektive:
Griff in die Trickkiste des Story-Baus

Eine Handlung und Figuren hast du jetzt vielleicht – nun musst du entscheiden, wie du die Geschichte erzählst. Willst du in Gegenwart oder Vergangenheitsform schreiben? Soll es eine Icherzählung sein oder nicht? Womit willst du anfangen? Welche Teile der Geschichte willst du besonders hervorheben?

Ein Text hat nicht nur einen Anfang, eine Mitte und einen Schluss. Seine unsichtbare Struktur besteht unter anderem aus einer Einführung und mehreren Höhepunkten. Am Anfang stellt man die Personen vor, indem man den Leser zuschauen lässt, was sie so machen und was sie so reden. Man erzählt einfach ein bisschen was über sie, bevor man sie richtig in die Handlung hineinschmeißt. Dann spitzt man die Geschehnisse zu, alles wird immer schwieriger und komplizierter und verzweifelter, bis der Konflikt sich schließlich löst. Das kennst du bestimmt aus Filmen – der alles entscheidende Kampf, die Konfrontation, kommt meist zum Schluss. Indem du vorher ein paar Konflikte einbaust und die Auflösung hinauszögerst, hältst du den Leser bis zum Schluss bei der Stange.

Wenn du es langweilig findest, am Anfang vieles erklären zu müssen, kannst du auch einen beliebten Trick benutzen: Du setzt eine spannungsgeladene Szene an den Anfang und machst dann eine »Rückblende«. Das heißt, du springst in die Vergangenheit, rollst die Geschichte von dort aus auf und erzählst, wie es zu dieser Anfangsszene gekommen ist und wie es weitergeht. Mit Hilfe von Rückblenden kannst du zwei Geschichten erzählen – einmal die, die in der »Gegenwart« spielt, und eine, die davon handelt, was in der Vergangenheit mit deinen Personen geschehen ist. Das macht man besonders dann, wenn die Vorgeschichte – bestimmte Ereignisse in der Kindheit oder Jugend der Hauptfigur zum Beispiel – wichtig ist, man sie aber nicht lang und breit am Anfang erklären will. Sonst könnte es ja bis zur Hälfte des Buches dauern, bis die eigentliche Handlung losgeht. In ihrem Roman *Intercity* hat Nina Schindler diese Methode gewählt. Die

Handlung setzt ein, als Lisa mit dem Zug abfährt und sich von ihrem Freund verabschiedet. Man merkt schon aus ihren wenigen Worten, dass irgendwas nicht in Ordnung ist. Durch ihre Erinnerungen erfährt man, worum es eigentlich geht (Lisa ist schwanger und will das Kind nicht) und wie sich ihre Liebesgeschichte mit Micha ergeben und entwickelt hat.

Mit Rückblenden sollte man vorsichtig umgehen – im schlechtesten Fall zerstückeln sie die Handlung, sodass der Leser sie ungeduldig überblättert. Frag dich deshalb immer: Brauche ich diese Rückblende wirklich oder könnte ich sie genauso gut weglassen? Achte darauf, dass sich auch in den Rückblenden innere Fragen oder Konflikte finden, damit sie genauso interessant sind wie die Haupthandlung.

Während eine Kurzgeschichte meist nur ein einziges Geschehnis, eine Momentaufnahme schildert, arbeiten Autoren in längeren Romanen oft mit »Parallelhandlungen«. Das sind verschiedene Geschichten, die jeweils einen eigenen Helden oder eine eigene Heldin haben. Diese Storys laufen nebeneinander, haben aber irgendwie miteinander zu tun. Nach einer gewissen Zeit verflechten sich die Erzählfäden dann, die Personen aus den verschiedenen Geschichten treffen sich, verlieben sich, bringen sich um, gehen zusammen auf eine Reise, was auch immer. Ein Beispiel für Parallelhandlung ist Mirjam Presslers Buch *Kratzer im Lack*. Ein Teil des Buches wird aus der Perspektive des 14-jährigen Herbert erzählt, der in der Schule »Ratte mit Brille« und daheim »Versager« genannt wird. Jeweils abwechselnd kommt die alte Frau Kronawitter zu Wort, in deren Laden Herbert immer Süßigkeiten kauft. Erst nachdem die Autorin beide Figuren in ihrer Welt

gezeigt hat, verflechten sich die Geschichten der beiden Menschen – nämlich, als Frau Kronawitter mitbekommt, wie Herbert mit seinem neuen Messer Autos zerkratzt. Sie will ihm helfen, mit ihm reden.

Wenn du eine Parallelhandlung wählst, dann achte darauf, dass man nach jedem Wechsel von der einen in die andere Geschichte schnell mitbekommt, »wo« man gerade ist. Am besten benutzt du in den ersten Zeilen des neuen Abschnitts den Namen der Person, deren Leben jetzt gerade Thema ist.

Welche Perspektive willst du benutzen? Du hast sicher schon jede Menge Bücher gelesen, die in der »Icherzählung« (auch »Erste Person« genannt) geschrieben worden sind. Man kommt sich so vor, als säße man im Kopf eines anderen Menschen, man sieht alles durch seine Augen, man weiß nur, was er weiß. So kann man als Leser ungeheuer schnell in eine Figur hineinschlüpfen, man »identifiziert sich mit ihr«, man fühlt sozusagen mit. Wenn du als Autor oder Autorin diese Form einsetzt, ist es am Anfang vielleicht »nur« dein eigenes Ich, das erzählt. Nach einer Weile wirst du entdecken, wie viel Spaß es macht, sich in jemand anders hineinzuversetzen und denjenigen dann in Ichform erzählen zu lassen. Man kommt der Person ganz schön nah auf die Art! Es braucht ja nicht mal eine Person zu sein – wieso lässt du nicht mal deinen Goldfisch oder eine Parkbank erzählen?

Die anderen Wahlmöglichkeiten, die sich in der Literatur allmählich entwickelt haben, sind, in der »dritten Person« oder aus der Perspektive eines allwissenden Erzählers zu schreiben. In der dritten Person wird eine Geschichte in der Form

von »Sie tat dies« und »Er tat das« erzählt. Dabei ist die Sichtweise immer die einer ganz bestimmten Person, und was sie nicht weiß, kann auch nicht im Text beschrieben werden. Ihre Gedanken und Gefühle können aber geschildert oder sogar wörtlich eingefügt werden (»Das glaube ich einfach nicht, dachte er«). Es ist also ganz ähnlich wie die Icherzählung, nur dass die Figur nicht selbst berichtet. Der allwissende oder auktoriale Erzähler dagegen kennt keine Beschränkungen, gottgleich schwebt er über der Szene und sieht und weiß alles. Er kann sich in die Köpfe aller handelnden Personen versetzen. So, jetzt aber mal ein paar Beispiele, damit man es sich besser vorstellen kann. Dritte Person klingt etwa so wie in dieser Passage aus dem Roman *Die Zeitfalte* von Madeleine L'Engle:

> Das Kätzchen räkelte sich genüsslich und blickte Meg aus großen, unschuldigen Augen an. »Schlaf nur weiter!«, sagte Meg. »Sei froh, dass du ein Kätzchen bist und nicht so ein Monster wie ich.«
> Als sie sich im Schrankspiegel sah, zog sie eine Grimasse. Ihre schreckliche Zahnklammer blitzte auf. Automatisch schob sich Meg die Brille zurecht, strubbelte mit den Fingern durch ihr mausbraunes Haar, bis es in wilden Strähnen vom Kopf abstand, und seufzte so laut, dass es sogar den Wind übertönte.

Du kannst in der »dritten Person« aber auch zu der Perspektive von anderen Figuren übergehen, sodass zum Beispiel in einer Szene mit einem Jungen namens Kevin und einem Mädchen namens Susanne mal aus seiner, mal aus ihrer Sicht er-

zählt wird. Aber Achtung, zu häufige Perspektivwechsel verwirren den Leser eher!

Der allwissende Erzähler ist in der Geschichte meist unsichtbar, er beobachtet das Geschehen von außen. Man merkt, dass er da ist, wenn er dem Leser Kommentare zukommen lässt, die von keiner Person in der Geschichte stammen. Ein Beispiel dafür ist *Tom Sawyer* von Mark Twain. Das Buch wird vor allem aus dem Blickwinkel von Tom erzählt, aber der unsichtbare Erzähler kann es nicht lassen, ab und zu seinen Senf zu den Personen oder Ereignissen dazuzugeben:

> Während Tom sein Abendbrot aß und Zucker stibitzte, sobald sich die Gelegenheit bot, stellte ihm Tante Polly sehr arglistige, verfängliche Fragen – denn sie wollte, dass er in die Falle gehe und belastende Enthüllungen mache. Wie manch andere schlichte Seele wiegte sie sich voller Eitelkeit im Glauben, sie habe Talent für dunkle und geheimnisvolle Diplomatie, und es bereitete ihr Freude, ihre durchsichtigsten Finten als Wunderwerke tückischer List zu betrachten.

Vielleicht überraschst du deine Leser ja damit, dass du keine dieser Erzählformen wählst, sondern eine neue erfindest oder eine Mischung aus ihnen benutzt? Du kannst auch Ausschnitte aus (angeblichen) Zeitungsberichten, Flugblättern, Reden, Tagebuchnotizen oder was auch immer in deinen Text einfügen. Experimentieren ist erlaubt!

Übrigens: Wahrscheinlich hast du bei anderen Büchern schon gesehen, dass sie einen »Prolog« und einen »Epilog« haben können, das heißt kurze Szenen am Anfang bzw. am

Ende, die ein bisschen außerhalb der eigentlichen Geschichte stehen, aber auch wichtig sind. Wenn du möchtest, kannst du diese Strukturelemente auch einsetzen: Am Schluss kann man in einem Epilog zum Beispiel erzählen, was aus den Personen nach Abschluss der eigentlichen Geschichte geworden ist.

Dialog: Lass sie schreien, murmeln, fauchen

Eine Geschichte wird lebendiger, wenn du inneren Monolog (also wenn eine Person in Gedanken mit sich selbst spricht) und Dialog (also wörtliche Rede) einbaust. Wenn du deine Personen schon recht gut kennst, weißt du vielleicht schon, wie sie sprechen würden, welche Lieblingsausdrücke oder -flüche sie haben, ob sie ein bisschen abgehackt sprechen oder in endlosen Sätzen ohne Punkt und Komma. Das alles kann man auch auf dem Papier rüberbringen, probier's doch einfach mal. Hier noch ein paar Tipps für die praktische Umsetzung:

- Es gibt unheimlich viele Wörter, die man anstelle von »sagte« verwenden kann. Wie hat er es gesagt? Hat er es gerufen, gemurmelt, gefaucht? Häufig kann man auch darauf verzichten, hinzuschreiben, wer was sagt, weil es sowieso aus dem Text hervorgeht, oder man fügt eine kleine Aktion hinzu. Dazu ein Beispiel aus dem fantastischen Roman *Drachenreiter* von Cornelia Funke:

  > »Wovon redet sie?« Fragend sah der Drache zu Schwefelfell hinüber, die sich ans Feuer gesetzt hatte und an einer Wurzel knabberte. »Keine Ahnung!«, schmatzte Schwefelfell. »Sie redet schon die ganze Zeit so wirres

Zeug. Es passt eben nicht viel Verstand in so einen kleinen Kopf.«

»Ach ja?« Ratte schnappte empört nach Luft. »Das, das ...«

»Hör nicht auf sie, Ratte!« Lung stand auf, reckte den langen Hals und schüttelte sich. »Sie hat schlechte Laune, weil ihr Fell feucht ist von dem Nebel.«

Das nicht weniger gute Gegenbeispiel aus *Tom Sawyer*:

Eine unbehagliche Pause. Dann sagte Tom: »Wie heißt du?«

»Geht dich nichts an.«

»Ich werd dir schon zeigen, dass es mich was angeht.«

»Na, warum tust dus denn nicht?«

»Wenn du noch viel sagst, tu ichs.«

»Viel – viel – viel. Da hast dus.«

»Du hältst dich wohl für besonders schlau, was? Wenn ich will, mach ich dich mit einer Hand fertig.«

»Dann tus doch endlich und red nicht nur davon!«

... und so weiter. Der Dialog zieht sich in dieser Form etwa über zwei Seiten hin!

• Schreib bei Dialogen nicht zu sehr »Schriftsprache«. Wirkliche Gespräche sind meist nicht besonders logisch, und oft redet man aneinander vorbei. Man spricht in unvollständigen Sätzen, wiederholt sich, beantwortet ganz andere Fragen als die, die einem gestellt worden sind, man schweift ab und gibt ziemlich häufig komische Geräusche wie »Ähm« oder »hm« von sich.

Wenn du ein Gefühl für gesprochene Sprache bekommen und deinen Dialog verbessern willst, dann probier's doch mal aus: Geh mit dem Tonband auf Jagd und tippe deine Beute anschließend ab. Vielleicht bekommst du davon ein paar gute neue Ideen, wie du deine Figuren sprechen lassen kannst!

Schauplatz und Beschreibung: Wonach riecht's denn hier?

Um interessant zu sein, braucht deine Story nicht unbedingt im Gangmilieu von Los Angeles oder in Australien zu spielen. Ganz »gewöhnliche« Schauplätze, die man selbst gut kennt, können genauso prickelnd sein: deine Schule, der Karate-Verein, der Segelflugplatz in deiner Stadt. Es gibt sogar ganze Bücherserien, die sich aus genau diesem Grund auf bestimmte Städte oder Regionen spezialisiert haben, zum Beispiel die Köln-Krimis.

Wenn du einen exotischen Schauplatz benutzen willst, dann kannst du inzwischen viele Quellen anzapfen, um herauszufinden, wie es dort aussieht: Bücher, Internet, Fernseh-Dokus, Filme. Manche Autoren sind bei dieser »Recherche« ganz genau, studieren Stadtpläne und Restaurantführer, um die Orte für ihre Handlung auszuwählen oder fahren selbst in die Stadt und laufen die Straßen ab, durch die ihr Held vor der Polizei flieht oder mit seiner neuen Flamme nachts auf der Verkehrsinsel Tango tanzt. Für historische Romane vergraben sich Schriftsteller meist wochen- oder monatelang in Bibliotheken und informieren sich über die Zeit, über die sie schreiben wollen. Aber wenn man nur für sich schreibt und erst mal

nichts veröffentlichen will, dann kann man sich genauso gut mit der Fantasie behelfen. Schließlich war Karl May auch erst in Amerika, nachdem er seine Bücher veröffentlicht hatte ...

Ein Tag im Leben von ...
Wenn du deine Fantasie trainieren und deine Recherchefähigkeiten schärfen willst, dann such dir doch einfach mal einen berühmten Menschen aus vergangener Zeit oder einen Unbekannten aus einer bestimmten Epoche aus und beschreibe einen Tag in seinem Leben. Durch Tagebücher, Biografien, Beschreibungen, Geschichtsbücher etc. (schau mal in deine Stadtbibliothek und ins Internet) kannst du mehr über »deine« Person und ihre Zeit herausfinden: Wie hat er oder sie sich gefühlt und gelebt, gab es bestimmte wichtige Daten für ihn oder sie, an denen du deine Geschichte spielen lassen könntest? Was hat man damals angehabt, was hat man gegessen, wie bewegte man sich fort?

Wo auch immer deine Story sich entfaltet: Damit man sich den Schauplatz vorstellen kann, möchten deine Leser natürlich ab und zu eine Beschreibung davon haben. Richtig gut wird sie, wenn du darin viele Details und Sinneseindrücke lieferst, viel »Atmosphäre« rüberbringst. Du kannst nicht nur das einbauen, was die Augen wahrnehmen, sondern auch
• Geräusche
• Geschmackswahrnehmungen
• Tastempfindungen

38

Auf diese Art kann man eine Umgebung oder ein Erlebnis lebendig machen, ihm »Atmosphäre« geben. »Ein gutes Buch ist ein sinnliches Buch«, meint auch Angelika Kutsch, Lektorin des Hamburger Kinderbuchverlages Oetinger. »Ich hasse Hering. Aber wenn ein Autor beschreibt, dass in seiner Geschichte Leute sitzen und Heringe essen, dann will ich das auch riechen. Wenn sich einer schneidet, dann will ich das auch fühlen.« Ein Beispiel aus dem Roman *Der aus den Docks* von Mario Giordano, eine Geschichte von zwei Jungen und einem Bullterrier, die im Hamburger Hafen und auf dem Kiez spielt:

> Ich liebte den schmierigen Knoblauchdunst aus den portugiesischen Kneipen rings um den Kuhberg. Ich liebte die Musik, vermischt mit Fernsehlärm aus den türkischen Kulturvereinen am Straßenrand. Und ich liebte die Waschsalons, in denen uralte Muttis vor uralten Waschautomaten auf uralte Wäsche warteten. Ich liebte das Gedränge und Geschiebe sonntags auf dem Fischmarkt, das Kreischen der Ladekräne, die Geräusche aus den Docks, die von der anderen Elbseite herüberwehten. Ich liebte, wie die Elbe roch, wenn ein Nordwest mit neun Windstärken so viel Salzwasser in den Hafen drückte, dass man denken konnte, man sei am Meer.

Es gibt auch Geschichten, die zum großen Teil in der Innenwelt der Personen spielen, in ihrer Gedanken- und Gefühlswelt. Das Innenleben eines Menschen ist eine genauso faszinierende und komplexe »Landschaft« wie die reale Welt, nur halt völlig anders. Solche Texte können surrealistisch ge-

schrieben sein, wie die Bücher von James Joyce (*Ulysses, Finnegans Wake*). Er versucht, den dahinströmenden Gedanken und inneren Monologen auf der Spur zu bleiben. Es kann aber auch einfach eine Beschäftigung mit dem Selbst und dem Inneren sein. So ist es zum Beispiel in Johanna Walsers *Vor dem Leben stehend*:

> Eine ganze Flut von Gedanken umspült mich, will mich mit der Wurzel ausreißen. Meine Kindheit erscheint mir wie vergiftet. (...) Wie ich mich selbst hasse dafür, dass ich immerfort spielen muss, mein Gesicht modulieren muss, meine Bewegungen ausführe wie an den Fäden meines Willens. Retten möchte ich mich an einen einsamen Strand. Das Land will mich nicht nehmen, es spuckt mich einfach immer wieder weg, und ich komme zurück, immer wieder.

Der verflixte Anfang

Tja, anfangen muss man. Aber wie? Vielleicht ist die Geschichte in deinem Kopf schon fast von vorne bis hinten fertig geschrieben, aber sie will noch nicht so ganz raus, weil der Anfang fehlt? Du könntest die Person vorstellen, die in deinem Text im Mittelpunkt steht, oder die Umgebung beschreiben, den Schauplatz, an dem dein Text spielt. Am besten natürlich möglichst etwas ungewöhnlich, sodass der Leser neugierig wird! Zum Beispiel so:

> Der schönste Platz auf der Welt ist eine Müllhalde. Man kann geteilter Meinung sein, ob man die schneeweißen Sandstrände der Karibik schöner findet als die saftig grü-

nen Almen der bayerischen Berge – zweifellos jedoch ist eine Müllhalde hundertmal schöner. Wenn man eine Ratte ist.

So beginnt der Roman *Franz Ratte taucht unter* von Mario Giordano.

Bei Wetterberichten am Anfang solltest du vorsichtig sein, sie sind etwas aus der Mode gekommen, besonders das berüchtigte »Es war eine dunkle und stürmische Nacht«. Steig lieber direkt in die Geschichte ein, die du erzählen willst, wie Victor Kelleher in *Der Rote König*:

> Timkin schlug die Augen auf und war wie gewöhnlich sofort hellwach. Sie spürte, wie sich der Wagen unter ihr bewegte, wie seine eisenbeschlagenen Räder über den unbefestigten Weg holperten. Die tanzenden Sonnenflecken, die durch das schmale Seitenfenster hereinfielen, sagten ihr, dass sie sich immer noch im Wald befanden. Unbeeindruckt vom ständigen Gerüttel und dem Ächzen und Knarzen des Wagens schliefen die anderen Mitglieder der Truppe, die auf dem Boden und in der gegenüberliegenden Koje lagen, weiter.

Mit wenigen Sätzen hat Kelleher nicht nur die Hauptperson und ihr Umfeld (eine reisende Truppe von Künstlern und Artisten) eingeführt, sondern auch den Schauplatz (Wald) und das Wetter (sonnig) sowie durch die vielen Sinneswahrnehmungen (Gerüttel, Ächzen, Knarzen, Sonnenflecken etc.) viel Atmosphäre rübergebracht.

Immer recht geschickt ist es, wenn du schon andeutest, was in

deiner Geschichte passieren wird, oder einfach nur, dass etwas passieren wird. Nicht zu viel verraten! Nur genug, um den Leser neugierig zu machen. So in der Art, wie Joanne K. Rowling das in ihrem Bestseller *Harry Potter und der Stein der Weisen* macht:

> Mr. und Mrs. Dursley im Ligusterweg Nummer 4 waren stolz darauf, ganz und gar normal zu sein, sehr stolz sogar. Niemand wäre auf die Idee gekommen, sie könnten sich in eine merkwürdige und geheimnisvolle Geschichte verstricken, denn mit solchem Unsinn wollten sie nichts zu tun haben.

Dann rollst du langsam und genüsslich auf, was denn so Schlimmes, Merkwürdiges, Geheimnisvolles oder Ungewöhnliches passiert ist, und hältst deinen Leser bei der Stange.

Der Anfang ist deine Visitenkarte. Wenn er gut ist, dann wird dein Leser wahrscheinlich weiter lesen. Aber bevor du jetzt völlig verkrampft vor der leeren ersten Seite sitzt und dir den Kopf nach einem brillanten Einstieg zermarterst, hier noch ein Tipp: Du brauchst nicht am Anfang anzufangen zu schreiben. Manche Autoren machen es auch ganz anders: »Ich fange kreuz und quer an«, erzählt zum Beispiel Tanja Neubauer, 15. »Wenn ich gerade Lust auf eine bestimmte Szene habe, schreibe ich sie, ob sie nun später am Anfang, in der Mitte oder am Schluss stehen wird. Das ist zwar ganz schön chaotisch, aber irgendwie funktioniert es doch!« Fang einfach irgendwo an, ganz spontan, und bastele dir deine Geschichte dann allmählich zusammen. Oder schreib einfach irgendei-

nen Anfang und gehe bei der Überarbeitung zurück und über-
denke ihn noch einmal. Schließlich muss man sich auch beim
Schreiben wie beim Sport erst »aufwärmen«.

 Such zehn Bücher aus dem Regal, die dir gefallen
haben, und lies dir den Anfang durch. Was ist da-
ran besonders gut? Oder was hätte man noch besser machen können?
Versuch mal, ein paar Anfänge zu schreiben (ein paar Sätze
reichen), die zum Weiterlesen reizen!

Traumziel Roman: Von der kurzen zur langen Form

Die meisten jungen Autoren versuchen sich erst einmal an
Kurzgeschichten von wenigen Seiten. Eine längere Erzählung
oder gar einen Roman zu schreiben ist nicht jedermanns Sache. Aber wenn du es gerne möchtest, dann versuch es einfach. Vielleicht klappt es ja so gut wie bei dem Jugendbuchautor Mario Giordano, der auch schon in der Schule zu
schreiben anfing und dessen Lieblingsbeschäftigung es war,
seinen Klassenkameraden auf dem Schulhof Geschichten zu
erzählen. »Ich wollte ein Kinderbuch schreiben und habe
mich mit diesem Gedanken rumgequält, bis ich mir gesagt
habe: Wenn du das wirklich willst, musst du das einfach tun.
Sonst sagst du dir dein Leben lang: Ich hätte ein guter Autor
werden können und habe es nicht versucht. Also habe ich angefangen, eine Geschichte zu schreiben, die mir mal eingefallen ist. Das hat eine Weile gebraucht, mit Unterbrechun-

gen, bis ich mich dann während des Studiums schließlich zwei, drei Monate hingesetzt habe und *Die wilde Charlotte* zu Ende geschrieben habe.«

Wenn du es mit einem längeren Text versuchen willst, solltest du dir einen Plan oder ein Konzept dafür machen. Es ist nämlich gar nicht so einfach, über fünfzig, hundert Seiten oder mehr den Überblick zu behalten und die Fäden der Handlung nicht aus der Hand gleiten zu lassen. So könntest du vorgehen:

- Du beschreibst deine Buchidee in vier Sätzen.
- Beschreibe und charakterisiere die wichtigsten Personen in deinem Notizbuch so ausführlich wie möglich. Wahrscheinlich wirst du viele Ideen für die Handlung haben, während du dir überlegst, wie die Figuren aufeinander reagieren.
- Jetzt sind deine Handlungsorte dran. Wo soll die Geschichte spielen? Versuch, auf Reisen, in Bibliotheken und im Internet mehr über die Schauplätze herauszufinden. Während du darüber nachdenkst, wirst du deine Personen vielleicht schon in diesen Schauplätzen herumstreifen sehen. Schreib neue Ideen sofort auf!
- Jetzt kannst du deine Handlung stichwortartig gliedern und genauer aufschreiben. Manche Autoren machen sich einen genauen Plan, was sie schreiben wollen, vom Anfang bis zum Schluss. Das hilft, »Schreibblockierungen« zu verhindern. Andere wissen bis zum Schluss nicht, wie ihre Geschichte ausgeht, und lassen ihren Figuren und Ideen freien Lauf. Meistens wissen sie aber schon, wo sich alles ungefähr hinbewegt.

- Wenn du die Geschichte komplett aufgeschrieben hast, geh sie noch mal von Anfang bis Ende durch, um zu sehen, ob das, was du am Schluss geschrieben hast, logisch mit dem Anfang übereinstimmt und die Entwicklung der Figuren nachvollziehbar ist.

 Sol Stein, *Über das Schreiben*, Zweitausendeins, Frankfurt/M. 1997, 440 S., 16,85 €

Eins der besten Bücher zum Thema Kreatives Schreiben. Es bietet jede Menge Tipps: Vom richtigen Anfang über die schnelle Charakterisierung und den Spannungsaufbau bis hin zu Hinweisen, wie man eine gute Liebesszene schreibt. Stein geht sowohl auf erfundene Texte wie auch auf Sachtexte ein. Du bekommst es beim Buchversand Zweitausendeins (www. zweitausendeins.de) und kannst es telefonisch unter der Nummer 0 69/4 20 80 00 bestellen.

 Fritz Gesing, *Kreatives Schreiben. Handwerk und Techniken des Erzählens*, Du Mont, Köln 1994, 259 S., 12,90 €

Sehr ausführlicher Ratgeber für Prosa-Autoren. Es geht um »Leben, Lesen und Schreiben« – Inspiration, autobiografisches Schreiben, Selbstzweifel und Blockaden – Charaktere und ihr Schicksal, Perspektive, Dramaturgie der Handlung, Grundformen des Erzählens wie Dialog, Rückblenden und Erzählrhythmus, Symbol und Metapher etc.

3. Stil und Sprache: Hauptsache frisch

Kann man »guten Stil« lernen?

Es gibt reichlich Bücher, die auf den ersten Blick eine ziemlich langweilige Handlung haben. Junge trifft Mädchen, sie verlieben sich, sie trennen sich wieder. Doch bei manchen Büchern ist auch eigentlich egal, worum es geht, weil sie so toll geschrieben sind, dass man allein deswegen weiterliest und Spaß daran hat. Diese Art, wie ein Autor schreibt, wird »Sprache« oder meist »Stil« genannt. Dabei kommt es nicht wie bei einer Kneipe oder bei Klamotten darauf an, mehr oder weniger »Stil« zu haben. Jeder Mensch hat seinen eigenen Schreibstil, der so unterschiedlich ist wie die persönliche Handschrift: Dany, 14, schreibt vielleicht total überschwänglich, mit Ausrufezeichen hinter fast jedem Satz und ziemlich vielen »total«, »cool« und »echt«, Christian, 16, dagegen

46

schreibt ein bisschen so, wie es in der Zeitung steht, mit ab und zu einem Fremdwort darin. Und die E-Mails von Kai, 15, erkennt man sofort, auch ohne auf den Absender zu schauen, weil seine Sätze immer so abgehackt sind und er auf Großbuchstaben verzichtet.

Der Stil formt sich erst nach und nach, so wie du wahrscheinlich mit 12 Jahren eine andere Handschrift hattest als mit 16. Das hängt nicht (nur) vom Alter ab, sondern vor allem von der Übung. Meist gilt: Je mehr du schreibst, desto schneller entwickelt sich dein Stil. Wenn du ältere Texte von dir anschaust, wirst du wahrscheinlich selbst merken, wie sich deine Art zu schreiben verändert hat. Nach und nach wird sie ausgereifter, mehr so, wie du sie haben willst. Du kannst natürlich auch ganz bewusst versuchen, deinen Schreibstil in die Richtung zu formen, in die du sie haben willst.

Vielleicht würdest du gerne so schreiben wie deine Lieblingsautorin. Du wirst feststellen, dass genau das eintritt, nachdem du alle ihre zwanzig Bücher hintereinander verschlungen hast. Meist klingt dieser »Echo-Effekt« schnell ab, und du wirst merken, dass deine eigene Persönlichkeit sich in deinen Texten und deiner Schriftsprache äußert. Das ist auch gut so, denn schließlich gibt es nur einen Michael Ende und nur eine Federica de Cesco, und du willst ja literarisch deinen eigenen Weg gehen. Oft formt das, was man liest, aber auch dauerhaft die eigene Art zu schreiben: Man lernt nun mal von Vorbildern.

Ganz unabhängig davon, wie du schreibst, gibt es ein paar Dinge, die von Lesern und Deutschlehrern als »gutes Deutsch« angesehen werden. Diese Art von gutem Stil kann

47

man lernen. In diesem Kapitel findest du einige Tipps, wie man häufig vorkommende Fehler vermeidet und Sprache so verwendet, dass sie leicht und angenehm zu lesen ist. Die Hinweise sind für Geschichten ebenso brauchbar wie für Schulaufsätze. Aber Achtung: Bevor du dir den ganzen Kopf mit Regeln aus dem Deutschunterricht oder auch aus diesem Buch voll stopfst und dich zu einem bestimmten Stil zwingst, schreibe lieber so, wie du sprichst. »Wie der Schnabel gewachsen ist« sagt man auch, wenn jemand ganz natürlich und spontan schreibt, und daraus können wunderbar frische Geschichten und Gedichte entstehen. Denk auch daran, all diese Hinweise sind keine »Regeln« im herkömmlichen Sinne. Auch wenn du keinen von ihnen beachtest, kann dir eine tolle Geschichte gelingen, wenn du experimentierst und das Ungewöhnliche wagst.

Am besten benutzt du die Hinweise aus den nächsten Abschnitten erst bei der Überarbeitung. Schreib die Geschichte oder das Gedicht so hin, wie es dir einfällt und gerade aus der Feder fließt, mit Rechtschreib- und Tippfehlern und völlig chaotisch. Bei der Überarbeitung kannst du dann sozusagen hinter dir aufräumen und dir Gedanken machen, ob nicht vielleicht ein anderes Wort besser wäre, dass man aus diesem Satz besser zwei macht und so weiter. Nach und nach werden dir viele der stilistischen Feinheiten, um die es in diesem Kapitel geht, in Fleisch und Blut übergehen, sodass du sie schon beim Schreiben anwendest. Manches macht man mit wachsender Lese- und Schreiberfahrung auch instinktiv richtig, weil man spürt, ob Wörter, Sätze oder ganze Texte »schön« klingen oder nicht. Das nennt man dann Sprachgefühl.

Bild ist Trumpf

Es gibt Dutzende von Worten für eine bestimmte Tätigkeit oder ein Gefühl, aber meist nur wenige, die genau das bezeichnen, was du sagen willst. Unter dem Stichwort »hassen« findet sich zum Beispiel im Lexikon der Synonyme (der Wörter mit gleicher oder ähnlicher Bedeutung): »ablehnen, nicht mögen, unsympathisch finden, Abneigung empfinden, Feindschaft, Groll, Rachsucht, verabscheuen, nicht riechen können, ein rotes Tuch sein, Zorn hegen« und noch vieles mehr. Je treffender die Worte in deinen Texten sind, je genauer du einkreist, was du auszudrücken versuchst, desto besser. Profis helfen sich auf der Suche nach dem genau richtigen Wort manchmal mit den oben genannten Synonym-Lexika, weil man auf viele Ausdrücke, die man nicht so oft benutzt, nicht auf Anhieb kommt. Dabei sind die etwas ausgefalleneren Worte und Ausdrücke meist die spannenderen.

Synonyme brauchst du auch dafür, sprachliche Abwechslung in deinen Text zu bekommen und unnötige Wiederholungen zu vermeiden. Beim Schreiben kannst und solltest du hemmungslos deinen Wortschatz ausschöpfen. Wenn du einmal »veraltet« geschrieben hast, wäre es für den Leser eintönig und störend, wenn du auch in den nächsten drei Sätzen jedes Mal das gleiche Wort benutzen würdest. Zur Auswahl hast du schließlich noch *unmodern, altmodisch, passé, überholt, rückständig, verstaubt, aus der Mottenkiste, kalter Kaffee, unzeitgemäß, altertümlich, vorsintflutlich, verstaubt* und *obsolet* – nur um ein paar Beispiele zu nennen. Nachdem man zweimal »Zigarette« geschrieben hat, kann man auch einmal »Glimmstängel« schreiben. Aber man sollte sich auch nicht

dazu zwingen, um jeden Preis ein anderes Wort zu suchen, wenn es eigentlich keinen passenden Ersatz dafür gibt. Schließlich haben die verschiedenen Ausdrücke ganz unterschiedliche Bedeutungsnuancen. »Kalter Kaffee« klingt verächtlich und ist eher Umgangssprache, passt also nicht in jeden Text. »Überholt« sagt man eher bei einem technischen Gegenstand, »altmodisch« dagegen zu Möbelstücken oder Kleidung. Außerdem lässt man sich im Synonym-Rausch leicht verleiten, zu weit hergeholte Ausdrücke zu verwenden, die lächerlich klingen: Aus einer Banane eine »längliche gelbe Frucht«, aus einem Hasen »Meister Lampe« und aus dem Mond den »Erdtrabanten« zu machen muss wirklich nicht sein. Besser, man sorgt bei den Nebensachen wie zum Beispiel dem Wörtchen für »sagen« für Abwechslung und benutzt die wichtigen, nur schlecht austauschbaren Worte so oft, wie man sie eben braucht. Natürlich können Wiederholungen auch reine Absicht sein – Hemingway lässt grüßen. Er wiederholte in seinen Texten Schlüsselworte so oft, bis auch der Letzte begriffen hatte, dass darin die Aussage der Story schlummerte.

Verbanne abgenutzte Worte aus deinem Text. Man sieht es ihnen zwar nicht an, aber auch Worte verschleißen und sind irgendwann vom vielen Gebrauch fadenscheinig. Leider sitzen sie gerade deshalb, weil sie so oft benutzt werden, besonders nah an der Oberfläche des Wortschatzes, sodass viele Leute sie fast schon automatisch verwenden: »Sie blieb stehen wie angewurzelt«, »Ihm gefror das Blut in den Adern«, »sintflutartige Regenfälle«. Achtung auch bei Redewendungen wie »kreucht und fleucht« oder »über etwas hängen wie

ein Damoklesschwert«. Sicher waren sie einmal originell – damals, als sie erfunden worden sind. Nachdem sie mittlerweile ein paar Millionen Mal ausgesprochen worden sind, gehen sie dem Leser »zu einem Ohr rein und zum anderen raus« (was übrigens auch eine von diesen hohlen Redewendungen ist). Wer weiß heute schon, wer Damokles war oder wie das mit seinem Schwert damals abgelaufen ist?

- Geh mal ein paar Tage lang in Büchern, Zeitungen und Gesprächen auf die Jagd nach abgedroschenen Ausdrücken und sammele sie in einer »Schwarzen Liste«. Bestimmt fallen dir viele auf, wenn du genau hinhörst und hinschaust!
- Versuch ein paar Tage lang, dir für alles, was du siehst und hörst treffende, frische Vergleiche auszudenken. Schreib sie auf – ein paar werden dir später nicht mehr gefallen, andere wirst du in deinen Texten noch gut gebrauchen können.

Nicht zu empfehlen sind auch abstrakte Substantive (Hauptwörter), vor allem dann nicht, wenn sie geballt verwendet werden. Natürlich kommt man in Aufsätzen nicht immer ohne sie aus, aber richtig Saft und Kraft haben *Bereich, Aspekt, Vermeidbarkeit, Perspektive* und Co. nicht. Wenn du merkst, dass du viele solcher Wörter in deinem Text hast, dann solltest du die Notbremse ziehen, sonst liest er sich wie dieser Satz aus der *Süddeutschen Zeitung*:

Rasse, Religion, Sprache und Nationalität sind altbekannte Kriterien für eine Kategorisierung und Viktimisierung der Menschen. Heute, mit dem Aufkommen der genetischen Revolution, nimmt die Gesellschaft eine neue, noch ernstere Form der Sonderung in den Blick: die Einteilung nach dem Genotyp.

Da sehnt man sich geradezu nach einfachen Worten wie *Gras, Pferd, Wolke* oder *Haus*, die sofort ein Bild im Kopf entstehen lassen, oder stark »gefühlshaltigen« Substantiven wie *Liebe* oder *Hass*. Oft kann man einfach nach der Faustregel gehen: Je länger und abstrakter ein Wort, desto schlechter. Auf deine persönliche Abschussliste kannst du sowohl vermeidbare Fach- und Fremdwörter als auch die meisten Wörter setzen, die mit *-ung* enden. Diese so genannten »Substantivierungen« sind eigentlich nur bei Beamten beliebt, frei nach dem Motto: »Eine erneute Zahlung der Leistung ist nur unter der Voraussetzung möglich, dass eine sofortige Meldung bei der Abteilung Arbeitsvermittlung erfolgt.« Warum nicht so: »Wir können das Geld nur dann weiter zahlen, wenn Sie sich sofort beim Arbeitsamt (Abteilung Arbeitsvermittlung) melden«? Wenn du natürlich einen amtlichen Stil nachmachen willst, dann pfeffere so viele Substantivierungen wie möglich in deinen Text.

Gegen abstrakte Texte, bei denen das »Kino im Kopf« keine Chance hat, hilft es, Sprachbilder zur Hilfe zu nehmen, oder genauer gesagt Metaphern und Vergleiche. Eine Metapher ist zum Beispiel, wenn man bei einer blonden Frau von »ihrer Löwenmähne« spricht. Vergleiche erkennt man dagegen am

Wörtchen *wie* (»Das Geräusch des alten Motors klang wie der rasselnde Atem eines Kettenrauchers«). Hier ein Beispiel aus *Nichts als Tiere im Kopf*, der Autobiografie des Tierschützers und Zoodirektors Gerald Durrell. Gerald ist gerade an seinem neuen Arbeitsplatz angekommen und beschreibt die Hütte der Löwenwärter:

> Das Mobiliar war von klösterlicher Schlichtheit – drei Stühle in verschiedenen Stadien des Verfalls, ein Tisch, der, sobald etwas draufgestellt wurde, tänzelte und bockte wie ein nervöses Rennpferd *(Vergleich!)* und ein wunderlicher schwarzer Ofen, der schmollend Rauch zwischen seinen Eisenzähnen entließ *(Metapher!)* und unglaubliche Mengen von Glutasche von sich gab.

Wenn es dir gelingt, ein originelles Bild zu schaffen – und das geht auch mit weniger Adjektiven, die so gehäuft wie bei Durrell schnell nervig werden können –, dann ist dir die Aufmerksamkeit deines Lesers sicher. In Milan Kunderas Roman *Die unerträgliche Leichtigkeit des Seins* heißt es zum Beispiel:

> Nicht die Eitelkeit zog sie vor den Spiegel, sondern die Verwunderung darüber, das eigene Ich zu sehen. Sie vergaß, dass sie auf *das Armaturenbrett ihrer Körperfunktionen* schaute. Sie glaubte, ihre Seele zu sehen, die sich in ihren Gesichtszügen offenbarte. Sie vergaß, dass die Nase *nur das Ende des Luftschlauches zur Lunge ist*, und sah darin einen getreuen Ausdruck ihres Charakters.

Doch der Versuch, seinen Text mit Bildern anzureichern, kann in die Hose gehen, wenn ein Sprach»bild« kitschig (»der

silbrige Atemhauch des Passatwindes«) oder uralt (zum Beispiel »Dampfross« für Lokomotive) ist. Am besten wirken Metaphern, wenn sie frisch ausgedacht sind. Man muss allerdings aufpassen, dass das Bild nicht schief ist: »Es gelang dem Diktator, dem Keim der revolutionären Bewegung den Boden unter den Füßen wegzuziehen«, wäre eins von dieser Sorte. Denn ein Keim hat keine Füße, also kann man ihm auch keinen Boden darunter wegziehen. »Zahnlücken nicht auf die leichte Schulter nehmen«, textete die Zahnärztekammer Bremen in einer Presseinformation und lag damit ebenso daneben. Oft kommt es auch vor, dass ein Vergleich hinkt oder zu überzogen ist. Zum Beispiel »Die Wolken kollerten über den Himmel wie Billardkugeln.« Der Vergleich taugt nichts, weil Wolken nicht rollen und das Wort »Billardkugel« außerdem sofort das Bild eines runden Gegenstands im Kopf erzeugt, während Wolken eher fransig oder knubbelig sind.

Auch wenn deine Vergleiche wirklich gekonnt sind, solltest du sie nicht geballt, sondern gezielt einsetzen. Wenn es sie in Dosen im Supermarkt gäbe, würde der Hersteller wahrscheinlich den Hinweis »Sparsam verwenden« auf das Etikett drucken!

Würzen mit Verben

Gut für einen Text sind reichlich Verben, Tätigkeitswörter: *springen, jammern, schmuggeln, erzählen.* Sie machen den Text lebendig, bringen ihn buchstäblich in Bewegung. Ein Beispiel aus Joan Aikens Buch *Schattengäste:*

Cosmo huschte nach oben – er hatte inzwischen Übung, wusste, wie man mit dem geringsten Aufwand von einem Griff zum nächsten gelangte, und turnte fast so schnell wie ein Eichhörnchen um den großen, knorrigen Stamm herum. Er hatte sich angewöhnt, sich am letzten Haken mit einem Schwung abzustoßen und dabei nach dem Geländerpfosten links von der Einstiegslücke zu greifen, um sich das letzte Stück heraufzuziehen. Aber als er das heute tat, zerfiel ihm ein Stück des Geländers einfach in der Hand. Vollkommen überrascht und ungläubig spürte er, wie er nach hinten fiel.

Der Tipp mit den Verben gilt nicht nur für solche Stellen mit viel Action, sondern genauso für ruhigere Passagen. Aber nicht für alle Verben, sondern nur für diejenigen, die, so definiert es der Journalist Wolf Schneider, Handlung und Kraft tragen. Beliebt bei politischen Diskussionen, aber blutleer und künstlich sind dagegen »problematisieren« oder »sensibilisieren«. Am besten, du machst um alle Verben, die auf -*ieren* enden, einen Bogen. Blass sind auch die Wörtchen »haben« und »sein«, »sich befinden« oder »es gibt«.
Vorsichtig solltest du bei einer anderen Art von Wörtern sein: den Adjektiven, Eigenschaftswörtern wie *hübsch, verträumt, prickelnd, hoch, grün, staubig.* Das Gleiche gilt für Adverbien, Umstandswörter, die das Verb genauer beschreiben. Zwar machen beide Wortarten den Text anschaulich und geben ihm Details, damit man sich die Personen, Gegenstände und Handlungen genauer vorstellen kann. Manchmal sind sie auch nötig, weil sie dem Leser irgendetwas vermitteln, was er unbedingt wissen sollte: Hat Pete die blaue Jacke geklaut oder

die schwarze? Doch viele Adjektive sind unnötig, reine Füllwörter, die den Text schwülstig machen. Zu diesem Thema ein
Auszug aus einem Arzt-Roman-Groschenheft:

> Ein Zitronenfalter schwebte suchend *(Adverb!)* über die
> üppig blühenden *(Adjektiv!)* Geranien der riesigen Blu-
> menschale, die dekorativ neben der Treppe zum Garten
> prangte. Er taumelte, ließ sich von der leichten Brise da-
> vontragen, setzte sich auf Alexandras leuchtend roten
> Pullover. Mit einer sanften Handbewegung scheuchte sie
> ihn davon.

Falls du dazu neigst, viele Adjektive zu benutzen, dann ist das
nicht von vornherein schlecht – jeder Autor handhabt das anders. Aber du solltest dich bei jedem Eigenschaftswort fragen,
ob es wirklich nötig ist. Viele gute Autoren kommen wie Peter Handke in *Die Angst des Tormanns beim Elfmeter* sogar
fast ohne Adjektive aus:

> Am späten Nachmittag fuhr er mit der Straßenbahn hi-
> naus ins Stadion. Er nahm einen Stehplatz, setzte sich
> dann aber auf die Zeitungen, die er noch immer nicht
> weggeworfen hatte; dass ihm die Zuschauer vorne die
> Sicht verstellten, störte ihn nicht. Im Laufe des Spiels
> setzten sich die meisten. Bloch wurde nicht erkannt.

Diese schnörkellosen Sätze wären durch jede Menge über-
flüssiger beschreibender Wörter (zum Beispiel die »blaue, rat-
ternde Straßenbahn«, »die zerknitterten, bunten Zeitungen«)
nur geschwächt worden.

Für Adjektive gilt das Gleiche wie für Substantive und Verben:

Vermeide Abgenutztes. »Knisternde Spannung« bringt den Leser eher zum Gähnen, und »glutäugige Italiener« bestenfalls deinen Deutschlehrer zum Seufzen. Auf Nichtssagendes wie *interessant, nett, groß* oder *schön* verzichtet man ebenfalls besser. Wenn man den Satz »Sie hatte schöne Zähne« liest, kann man sich kaum etwas darunter vorstellen, unter »Sie hatte sahnefarbene, völlig regelmäßige Zähne« dagegen einiges. Um Adjektive loszuwerden, ohne ganz auf die Sinneseindrücke zu verzichten, die sie vermitteln, wandelt man sie einfach in Verben um. Man kann auch tolle Effekte herausholen, wenn man normale Adjektive auf ungewohnte Art einsetzt wie beispielsweise Johannes R. Becher in einem Gedicht:

> Der Dichter meidet strahlende Akkorde.
> Er stößt durch Tuben, peitscht die Trommel schrill.
> Er reißt das Volk auf mit gehackten Sätzen.

Schlimmer als Adjektive sind Füllwörter, weil sie eigentlich überhaupt nichts aussagen und den Text nur aufblähen. Sie rutschen einem beim Schreiben genauso rein, wie man beim Sprechen unwillkürlich »ähm« oder »total« sagt. Bei der Überarbeitung, aber auch erst dann, weil es sonst deine Kreativität hemmt, solltest du Jagd auf diese Wörter machen und so viele wie möglich herausstreichen. Abschusskandidaten sind zum Beispiel: *Nun, ja, dann, doch, irgendwie, durchaus, dabei, allerdings, natürlich, überhaupt.* Auch Wörter wie *absolut* und *relativ* kannst du leicht entbehren. Der Test ist ganz einfach: Streich das Wort und schau nach, ob man es irgendwie vermisst. Wenn nicht, dann hast du gerade eine gute Tat

vollbracht. Wenn du schon dabei bist, dann kannst du gleich auch noch andere Wörter, Sätze oder ganze Szenen streichen, die überflüssig sind, weil sie weder die Handlung voranbringen, noch zur Atmosphäre oder der Charakterisierung der Personen beitragen. Streichen zu müssen tut natürlich weh, auch Profis fangen in solchen Situationen oft fürchterlich an zu jammern. Leicht entbehrlich sind dagegen die so genannten »Redundanzen«, Dopplungen: Man wiederholt sich oft beim Schreiben und merkt es erst, wenn man noch einmal durchliest, dass man manche Aussagen mehrmals gemacht hat, oder sich Wörter wiederholen. Zum Beispiel:

> Einmal musste ich mit der Bahn zu einem Festival nach Frankfurt fahren. Als ich zum Bahnhof ging, wäre ich beinahe von einem Taxi umgenietet worden. Ich fluchte gewaltig und lief dann weiter zum Bahnhof, weil ich dort den Zug nehmen musste.

Wenn Wiederholungen in deinem Text keine Absicht waren, dann raus damit.

TRAINING  Nimm dir mal einen deiner älteren Texte vor und streiche alles Überflüssige – unnötige Adjektive, Adverbien, Füllwörter, Sätze, die eigentlich entbehrlich sind – heraus. Du kannst auch an einem deiner neueren Texte üben: Knalle ihn erst mit Adjektiven voll und nimm dann sämtliche Adjektive und Adverbien wieder heraus. Wie verändern sich Klang, Bedeutung, Atmosphäre und Wirkung?

58

Bei Texten, die für deinen Deutschlehrer bestimmt sind, solltest du mit Modewörtern *(abgefahren, cool, total, geil, fett, etc.)* geizen. In erzählenden Geschichten sind diese Ausdrücke aber vollkommen in Ordnung. Du solltest dir nur bewusst sein, dass sie sehr schnell veralten, und damit auch dein Text. Wer sagt heute noch »prima« oder »super«? Auch die Schulregel, fremdsprachige Wörter zu meiden, braucht man nicht unbedingt zu beachten: Viele von ihnen (wie Software, Pool oder Cocktail) haben sich im Laufe von wenigen Jahren bei uns eingebürgert, das ist ein normaler Prozess. Es wäre fast schon weltfremd, sie aus einem Text herauszuhalten. Etwas nervig ist allerdings, wenn du fast nur noch englische Wörter verwendest, so nach dem Motto: »Auf dem coolen Mega-Event habe ich ein paar Boys mit dem Handy angerufen, aber die waren leider zu abgespaced …« Alles erlaubt ist dagegen im Dialog. Wenn Figuren in deinen Texten Slang oder Dialekt sprechen, dann charakterisiert sie das.

Ganz unabhängig von deinem »normalen« Stil: Wenn du in Icherzählung schreibst, dann solltest du darauf achten, dass dein Erzähler auch so spricht wie der Mensch, der er angeblich ist. Wenn du aus der Perspektive eines Penners am Hauptbahnhof schreibst, dann muss der Text anders sein als aus der Perspektive eines Klassenkameraden (da kannst du reichlich »voll cool ey« reinpfeffern) oder eines Fünfjährigen. Bei J. D. Salingers *Fänger im Roggen* braucht man nicht groß erklärt zu bekommen, dass die Hauptperson ein rebellischer Teenager ist, man merkt es am Ton:

Falls Sie wirklich meine Geschichte hören wollen, so möchten Sie wahrscheinlich erst mal wissen, wo ich geboren wurde und wie ich meine verflixte Kindheit verbrachte und was meine Eltern taten, bevor sie mit mir beschäftigt waren, und was es sonst noch an David-Copperfield-Zeug zu erzählen gäbe, aber ehrlich gesagt habe ich keine Lust, das alles jetzt aufzurollen.

Die Ausnahme ist natürlich, du willst einen witzigen Effekt erzielen, zum Beispiel wenn ein gerade mal zweijähriges Kind sehr hochgestochen redet. Ein gutes Beispiel für so etwas: Baby Herman aus dem Film *Falsches Spiel mit Roger Rabbit*, der erst seine Rolle als krähender Kleiner im Kinderwagen spielt und nach Drehschluss Zigarre raucht und mit coolen Sprüchen nur so um sich wirft.

Von Bandwurmsätzen und umklammernden Verben
Manche Autoren waren für ihre langen Sätze bekannt: Bei Thomas Mann dauert es manchmal ewig, bis endlich ein Punkt kommt, und Marcel Proust führt einen Satz nicht selten über mehrere Seiten. Andere gute Autoren scheinen eine Abneigung gegen Kommas zu haben und schreiben in kurzen, atemlos klingenden Sätzen. Beide Extreme haben ihre Existenzberechtigung in der Literatur, aber für die Leser sind sie oft eine Quälerei. Am angenehmsten ist für sie ein Wechsel von langen und kurzen Sätzen. Hier ein Beispiel für einen missglückten Schachtelsatz:

Kein gewöhnliches Schloss war mir das Belvedere, und kein festlicher Pavillon auf der Höhe, kein Triumpfbogen

nach einem Siege, und kein luftiges Traumgebilde, die Last des Steines hatte es überwunden und war doch mehr als ein Feldherrnzelt am Rande des Schlachtfeldes, heiter und leicht war es gebaut, das Beste von Deutschen, Franzosen und Italienern vereinigte es in sich, gewaltig reckte es sich gegen Norden, sanft schmiegte es sich gegen Süden an und spiegelte sich selbstgefällig in dem großen Becken des Teiches, keusch ist es und eitel zugleich – und aus der Tiefe des Gartens, vom Rennweg her klingt wie das Echo einer stolzen Arie das Untere Belvedere auf, und dazwischen liegt der Park, den ich so oft durchwandert, der mich so oft getröstet, mit Hecken, Teichen, Beeten, Becken die Formen der Fensterrahmen wiederholend in jenen beglückenden Schwüngen.

Wetten, dass du nicht die Geduld gehabt hast, dieses Monster ganz durchzulesen? Bei so langen Sätzen hat man den Anfang längst vergessen, wenn man am Punkt angekommen ist. Aber auch der entgegengesetzte Stil ist nicht so das wahre. Lies dir diese Passage mal laut vor:

Lilly kroch aus ihrem Zelt hervor. Es war Morgen. Die Sonne schien. Lilly gähnte. Ihre Augen waren noch vom Schlaf verklebt. Langsam wusch sie sich im Bach. Ihr T-Shirt war völlig verdreckt. Der eine Ärmel war zerrissen. Sie holte sich ein neues aus der Tasche.

Das ist zwar besser als das erste Beispiel, wirkt aber abgehackt und stotterig, weil man die Stimme bei jedem Satzende absenkt und automatisch eine Pause macht.

Beide Beispiele wären relativ leicht zu retten – dem Endlos-Wörterwurm täten ein paar mehr Punkte gut und die kurzen Sätze könnte man zum Teil durch Kommas oder verbindende Wörter wie »und« geschmeidiger machen (»Ihr T-Shirt war völlig verdreckt und der eine Ärmel war zerrissen.«). Das Fazit: Ob du lange oder eher kurze Sätze schreibst, ist eine Frage deines persönlichen Stils. Aber wenn ein Satz über – sagen wir – mehr als fünf Zeilen geht, dann solltest du lieber zwei oder mehr Sätze daraus machen. Wenn du den Thomas-Mann-Stil nun mal liebst, dann versuche deinen Text wenigstens nach seiner Art so kunstvoll mit Kommas, Semikolon und Gedankenstrichen zu gliedern, dass er nicht nur verständlich bleibt, sondern sich auch angenehm liest. Das ist allerdings nicht gerade einfach!

Gerade lange Sätze treiben Simultandolmetscher regelmäßig zum Wahnsinn, weil das Verb in der deutschen Sprache oft ganz am Ende steht. Der Leser bzw. Zuhörer darf so lange herumrätseln, was eigentlich gesagt werden soll, bis das Tätigkeitswort endlich nachhinkt. Besonders prickelnd ist das bei Verben, die auseinander gerissen werden und den Hauptteil des Satzes »umklammern«, zum Beispiel *feststellen*, *ankommen* oder *herausplatzen*. Dann entstehen Satzungetüme wie:

> Er *kam* im Morgengrauen, als die Züge noch den dichten Nebel über den Feldern Niedersachsens zerschneiden mussten, auf dem schweigenden, vernachlässigt wirkenden Bahnhof in Untersiggingen mit seinem bröckelnden Putz und trostlosen Wartehäuschen *an*.

Das Rezept dagegen: Zieh das Verb möglichst weit nach vorne, damit man möglichst früh erfährt, worum es geht. Der Satz würde dann so anfangen:

Er *kam* im Morgengrauen *an*, als …

Kritisch wird es auch mit normalen Verben, wenn Nebensätze, Einschübe und Zwischensätze zwischen den eigentlichen Satz geleimt werden. Irgendwann hat das Gebilde so viele Ebenen, dass der Leser (ganz zu schweigen vom Zuhörer) überhaupt nicht mehr durchblickt. Ein schönes Beispiel, möglicherweise die Schuld eines schlechten Übersetzers, findet sich in Jonathan Swifts *Gullivers Reisen*:

> So erzählte man mir, dass eine Dame des Hofes, die mit dem Premierminister, einem sehr liebenswürdigen Herrn, der zugleich der reichste Mann von Laputa ist, verheiratet war und viele Kinder hatte, eines Tages, obwohl der Minister sehr zuvorkommend zu ihr war und sie in dem vornehmsten Palast der Insel wohnten, auf und davon ging.

Der Journalist Wolf Schneider empfiehlt, Einschübe von höchstens neun Wörtern zu basteln. Mehr kann sich der Leser, wie Untersuchungen ergeben haben, nicht mühelos merken. Damit der Leser nicht auf die Folter gespannt wird, solltest du die Hauptaussage im vorderen Teil bringen und Einschübe in angehängte Nebensätze oder ganz eigenständige Sätze umwandeln. Swift bzw. der Übersetzer hätte es zum Beispiel so machen können:

So erzählte man mir, dass eine Dame des Hofes, die mit dem Premierminister verheiratet war, auf und davon ging. Sie tat es, obwohl der Minister, der reichste Mann von Laputa, ein sehr liebenswürdiger Herr ist und immer zuvorkommend zu ihr war. Die beiden wohnten im vornehmsten Palast der Insel und hatten viele Kinder.

Auch bei Aufzählungen solltest du das Verb möglichst weit nach vorne ziehen. Du schneidest einfach die störenden Informationen aus der Mitte heraus und koppelst sie stattdessen ans Satzende an. Also nicht: »Ich hatte in Englisch, Mathe, Chemie, Physik, Deutsch, Informatik und anderen Fächern eine Note bekommen, mit der ich nicht ganz zufrieden war«, sondern: »Ich hatte in vielen Fächern eine Note bekommen, mit der ich nicht ganz zufrieden war, zum Beispiel in Englisch, Mathe, Chemie, Physik, Deutsch und Informatik.«

TRAINING Such doch einfach mal in Büchern oder in der Zeitung nach Beispielen für schlechte Sätze und versuche, sie so umzuschreiben, dass sie besser klingen! Das Schachtelsatz-Zerhacken oder Verb-Jonglieren ist eine gute Übung für deine eigenen Geschichten. Ein besonders gutes Jagdrevier sind die Feuilletons von großen Zeitungen und Bücher aus dem 19. Jahrhundert und davor.

Noch ein paar Hinweise, die dem Stil gut tun:
• Häufig passiert es, dass man in einem Text nicht genau

weiß, wer spricht oder wer gemeint ist: »Obwohl es regnete, führte Daniel seinen kleinen weißen Hund Soccer aus. Er war unruhig und gereizt.« Auf wen bezieht sich der zweite Satz, auf Daniel oder den Hund? Also besser: »Der Terrier war unruhig und gereizt.« Oder man erwähnt einfach den Namen noch mal. Achte bei der Überarbeitung besonders auf Passagen, in denen die Bezüge durcheinander geraten können.

- »Hauptsachen in Hauptsätze!«, empfiehlt Ludwig Reiners in seiner berühmten Stilfibel. Sein Beispiel dafür ist ein verkorkster Satz aus der Zeitung: »Vom Pech verfolgt wurde gestern eine Frau von auswärts, der die Hinterachse des Handwagens brach, sodass Dünger auf die Straße flog.« Das eigentliche Ereignis steht in einem Nebensatz. Reiners Vorschlag, wie man den Satz retten könnte: »Pech hatte gestern eine Frau von auswärts. Als sie ihren mit Dünger beladenen Handwagen über den Marktplatz zog, brach die Hinterachse, sodass die Ladung auf die Straße fiel.«

- Lass deine Sätze nicht zu oft mit »Dann«, »Sie«, »Er«, »Der«, »Die« oder »Das« anfangen, außer du machst es absichtlich. Auch »Und« als Satzanfang ist zwar eigentlich in Ordnung, bei Deutschlehrern aber nicht sonderlich beliebt. Meist kannst du den Satz ganz einfach umbauen, sodass etwas anderes am Anfang steht.

- Verwende nicht zu oft das unpersönliche »man«.

- Verneinungen sind eine kitzelige Sache – wenn man zweimal »nicht« schreibt, dann bedeutet das das Gegenteil! Auch Profis fallen auf diese so genannte doppelte Vernei-

nung herein. So textete beispielsweise die Berliner Zeitung die wunderbare Überschrift: »Zweifel nicht ganz ausgeschlossen. Jürgen van Essen (FDP): Es ist nicht sicher, dass Gysi nicht doch kein IM war«. Alles klar? Verneinende Wörter, die man gerne übersieht, sind *nirgends, kein, alles andere als, weder-noch*.

- Nutze die vielen verschiedenen Satzzeichen. Nur Punkt und Komma – das ist ja langweilig! Doppelpunkt, Semikolon, Fragezeichen, Gedankenstrich, und die drei Pünktchen (...) verändern alle auf ihre Art die Satzmelodie und bringen so Abwechslung in deinen Text. Verwende aber nicht zu viele Ausrufungszeichen, das wirkt zu aufgeregt.

- Ein Text lässt sich leichter lesen, wenn man die Sätze nicht einfach aneinander knallt, sondern Absätze macht. Jedes Mal, wenn ein Sinnabschnitt endet und ein neuer Gedanke beginnt, könnte ein Absatz kommen. Bei Dialog wird meist ein Absatz eingefügt, wenn eine andere Person spricht. Schau dir doch mal ganz bewusst in deinen Lieblingsbüchern an, wie das mit den Absätzen dort gelöst ist.

- Handlungen sollte man nicht im Passiv (auch »Leideform« genannt) erzählen. Es ist weniger kraftvoll als die Aktiv-Konstruktion und verbirgt, wer eigentlich die handelnde Person ist. Man erkennt es am Wörtchen »werden«. Im Passiv würde es heißen »Im Herbst werden die Kühe zusammengetrieben«, im Aktiv »Im Herbst treiben Cowboys die Kühe zusammen.« Natürlich braucht man das Passiv manchmal auch, zum Beispiel bei Kochrezepten (»Das

Fleisch wird kurz angebraten«), wenn derjenige, der die Handlung vornimmt, nicht wichtig ist (»Um 19 Uhr wird die Ausstellung geschlossen«) oder absichtlich nicht erwähnt werden soll.

Lebendig erzählen

So, jetzt weißt du einiges darüber, wie man die schlimmsten stilistischen Fallstricke vermeidet. Aber selbst wenn man all das beachtet, hat man noch nicht automatisch einen guten Text. Deshalb findest du in diesem Abschnitt noch ein paar Tricks, mit denen man einen Text anschaulich machen kann. Einer dieser Kunstgriffe ist, dem Leser Einzelheiten zu liefern, damit er sich die Situation besser vorstellen kann. Wie klang es genau, als sie hustete? War es ein damenhaft-verlegenes Husten, ein rasselnder Raucherhusten, das Husten von jemand, dem ein Stück Karotte in der Kehle stecken geblieben ist? Welche Farbe hatte ihr rosa T-Shirt wirklich: Neonpink, lachsfarben oder babyrosa? Wenn dein Satz »Ein Vogel flog vor uns über den Pfad« lautet, könnte man ihn mit Details viel anschaulicher machen. Was für ein Vogel war es, eine Schwalbe, eine Amsel, ein Spatz? Äußerlich, von ihren Bewegungen und von ihren Lauten her sind das völlig verschiedene Tiere, und gerade die pfeilschnelle, elegante Schwalbe hätte ein anderes Verb verdient als »flog«. Besser als »viele Menschen« oder »schlechtes Wetter« wäre, wenn du beschreibst, wie voll oder wie schlecht es war, wie es aussah und sich anfühlte. Also zum Beispiel: »Der Platz war so voll, dass mache Leute sogar auf Laternenpfähle kletterten, um nicht in der Menge erdrückt zu werden« und »es regnete so

stark, dass ich in Sekunden so nass war, als hätte ich mich unter die Dusche gestellt«. Damit dein Text auf diese Art nicht dreimal so lang wird, kannst du, wenn du schon relativ erfahren beim Schreiben bist, ja mal probieren, die Atmosphäre mit möglichst wenigen Andeutungen rüberzubringen. Du gibst sozusagen nur das richtige Stichwort, den Rest macht die Phantasie des Lesers. Das hilft auch, Adjektive zu sparen.

Erinnerst du dich noch an den Tipp für die Beschreibungen, dass man möglichst viele Sinneseindrücke wie Gerüche, Geräusche, Geschmack und so weiter mit hineinbringen sollte? Im Grunde gilt das für den ganzen Text. Du wirst sehen, er wird dadurch sofort anschaulicher. Noch wichtiger ist aber der folgende Trick, mit dem du deine Texte lebendiger gestalten kannst. Er lautet »Zeigen, nicht erzählen.« Wenn man eine Situation erzählt, dann berichtet man das, was geschehen ist; man erzählt es nach, referiert es. Das macht Sinn, wenn man etwas stark verkürzt darstellen möchte, sozusagen im Zeitraffer. Aber viel besser ist das Zeigen, das unmittelbare Darstellen mit Dialog, weil es das, was geschieht, lebendig macht. Das hier wäre eine Szene in »erzählter« Form:

> Nach ihrem ersten Auftritt sah Siri nach langer Zeit ihren »Bruder« Janne wieder. Janne bewunderte sie und war auch ein bisschen frech, was Siri verlegen machte. Sie ließ sich zu einem Treffen überreden.

In Charlotte Kerners Buch *Blueprint,* in dem übrigens die Geschichte eines Klons erzählt wird, wird diese Szene »gezeigt«.

Das klingt so:

> Als die beiden mit einem knallbunten Blumenstrauß für Siri hinter die Bühne kamen, pfiff Janeck anerkennend durch die Zähne. »Kleine Schwester, was ist nur mit dir passiert? Du wirst ja schon eine richtige Ach-bitte-küss-mich-Frau.« Und er drückte ihr ganz frech einen Kuss auf den Mund.
> Siri wusste nicht, wohin mit ihren Händen und wohin sie schauen sollte. »Lass das«, sagte sie. »So etwas machen große Brüder nicht.«
> »Das habe ich vergessen«, sagte Janeck und knuffte sie in die Seite. Leise sagte er zu Siri: »Kommst du mit ins Gewölbe? Wir hängen neue Wünsche auf.« Siri schüttelte den Kopf, aber sie lächelte dabei. Janne ließ nicht locker und so verabredeten sie sich flüsternd für den nächsten Nachmittag.

Aber was ist, wenn du einen Sachtext schreiben musst? Keine Sorge, auch Sachtexte kannst du aufpeppen – mit Beispielen und Vergleichen. Wenn du zum Beispiel etwas über Sensoren schreiben musst, die UV-Strahlung im Sonnenlicht messen können, dann könntest du deinen Text mit Beispielen, wie man ihn einsetzen könnte, interessanter machen: Eine Familie geht im Gebirge wandern oder legt sich an den Strand, währenddessen passiert technisch dieses und jenes im Sensor, dann nach ein paar Stunden gibt das Gerät Alarm, weil die UV-Dosis jetzt zu hoch ist und ein Sonnenbrand droht.

In Texten viele Zahlen und Daten zu bringen ist nie besonders leserfreundlich, ob es nun um das Alter aller zehn beteiligten

Hauptpersonen geht, die auf der ersten Seite vorgestellt werden oder um 3,5 Gigabyte-Speicher. Im ersten Fall könnte man das Alter entweder nach und nach einflechten oder weglassen, im zweiten die Höhe eines Bücherstapels erwähnen, der die gleiche Datenmenge enthielte. Solche Vergleiche machen es sehr viel leichter, sich eine Größenordnung vorzustellen. Wie man gekonnte Vergleiche anstellt, zeigen Nachrichtenmagazine regelmäßig in ihren Beiträgen über Wissenschaftsthemen. Darin müssen sie das Kunststück zustande bringen, eine sehr komplizierte Angelegenheit so zu erklären, dass es auch Helga Normalleserin verstehen kann. Das fängt bei einem einfachen Vergleich an, der es leichter macht, sich eine Größeneinheit vorzustellen:

> Ein Forschungsziel der Computerpioniere: Sie wollen den Rechner auf einen Kubikmillimeter schrumpfen lassen – die Größe eines Stecknadelkopfes oder eines mittleren Sandkorns.

Die Entschlüsselung des menschlichen Erbguts inspirierte den *Spiegel* zu einer wahren Vergleichs-Orgie:

> Noch haben die Forscher eine Menge zu tun. Was sie bis jetzt geleistet haben, sieht aus wie ein Text in einer fremden Sprache, in dem die Wörter nicht getrennt sind, Punkt wie Komma fehlen und Sätze durch lange Strecken sinnlosen Gebrabbels unterbrochen werden. Ein Buchstabenwurm mit schier endlosen Ausmaßen liegt vor ihnen. Er besteht aus drei Milliarden Zeichen, die aneinander gereiht – gäbe man jedem Symbol einen

Millimeter Platz – länger wären als die Donau. Wollte ein Verlag eine Art Buch des Lebens daraus zusammenstellen, bräuchte ein Vorleser ein Jahrhundert, den Text vorzutragen.

Bei Vergleichen muss man immer etwas herumrechnen, um ein passendes Gegenstück zu finden. Also Taschenrechner bereithalten! Die nötigen Daten und Fakten findest du im Internet, in Lexika und in Büchern wie dem *Fischer Weltalmanach.* Wenn man zum Beispiel einen Größenvergleich für das Land Israel sucht, kann man dort mit Hilfe der Quadratkilometer-Angaben schnell herausfinden, dass es gerade mal halb so groß ist wie Niedersachsen. Das bringt einem erst richtig zu Bewusstsein, wie klein es ist!

Wolf Schneider, *Deutsch für Kenner. Die neue Stilkunde,* Piper, München, 4. Aufl. 1999, 400 S., 9,90 €

BUCHTIPP

Gutes Deutsch ist keine Hexerei – bei Wolf Schneider erfährt man, wie man interessant und verständlich schreibt. Seine Themen unter anderem: »Treffend schreiben«, »Kampf den Satzpolypen«, »Die Kunst, den Leser einzufangen«, »Weg mit den Adjektiven, her mit den Verben« etc. Wer auch journalistisch schreiben möchte, sollte sich unbedingt Schneiders Buch *Deutsch für Profis* (8 €) anschaffen.

4. Gedichte schreiben

Du würdest dich wahrscheinlich wundern, wenn du wüsstest, wie viele deiner Mitschüler ebenfalls Gedichte schreiben. Oft ist Liebeskummer oder Verliebtheit der Auslöser. So war es auch bei Bjørn Jagnow, der mittlerweile viele Kurzgeschichten und einen Fantasy-Roman bei Heyne (*Zeit der Gräber*) veröffentlicht hat: »Zum Glück kam es nicht so oft vor, dass ich Liebeskummer hatte, aber wenn es mich dann wirklich erwischt hat, dann umso schlimmer. Manchmal musste ich dann schreiben. Manchmal ging es gar nicht. Kaum einer dieser Texte hat die Gefühle überlebt, aus denen er entstanden ist. Trotzdem habe ich es als hilfreich in Erinnerung, das Durcheinander in mir auf ein Stück Papier vor mir zu werfen und darin eine Ordnung zu finden.«
In einem Gedicht kann man vieles ausdrücken, was man

wahrscheinlich so nicht aussprechen würde und Gefühle verarbeiten, die einen beschäftigen. Aber überlege dir ganz genau, ob du wirklichst willst, dass diese Texte als Literatur betrachtet und kritisiert werden, oder ob du sie nicht besser in deinem Tagebuch aufbewahrst.

Vor ein paar Jahrhunderten gehörte es zum guten Ton, über die Schönheiten der Natur oder irgendeiner Prinzessin zu dichten oder die Heldentaten mythischer Figuren zu beschreiben. Heute ist man der Ansicht, dass sich als Anlass oder Idee für ein Gedicht so gut wie alles eignet, ob es das Schicksal eines Fernsehers auf einer Müllkippe ist oder die Momentaufnahme von einer Begegnung zwischen dir und einer alten Freundin. Du kannst ein bestimmtes Thema in den Mittelpunkt stellen, dich aber auch nur mit Sprache beschäftigen und ihre Grenzen ausloten. »Material« für deine Gedichte findest du in allem, was dich bewegt oder was du siehst und erlebst. »Am Anfang können bei mir besonders schöne Naturereignisse stehen, aber es fängt manchmal auch mit einem Wort oder Bild an, das ich im Kopf habe, oder einem Satz, und daraus entwickelt sich dann das Gedicht«, beschreibt es Katharina Bauer, 17, deren Gedichte beim Wettbewerb *Schüler schreiben* ausgewählt wurden. Auch die Gedanken frei laufen zu lassen, sodass sie von einer Bedeutung zur nächsten springen, und mit Worten zu spielen, kann der Keim von Gedichten sein.

Was auch immer der Auslöser ist, schreib die erste Fassung ganz spontan auf und überarbeite das Gedicht später erst. Wenn du dich schon beim ersten Aufschreiben fragst, ob das so richtig ist und ob das etwas taugt, könntest du dich blo-

ckieren. Leg deiner Fantasie keine Zügel an. In der Lyrik brauchst du nicht dem Pfad der Logik zu folgen, und auch der Satzbau kann dir herzlich egal sein.

 Gib dir irgendein Anfangswort, von »Kugelschreiber« bis zu »Delfin«. Dann fang an, zu diesem Wort Gedankenverknüpfungen (Assoziationen) zu finden, ein Wort führt dich zum nächsten: *Kugelschreiber, Kugelfisch, ich hasse Fisch, Schwimmen Wasser Warm* und so weiter und so weiter. Schreib auf, so schnell du kannst, damit du mit deinen Gedanken mitkommst, aber höre nach spätestens fünf Minuten wieder auf. Das Gleiche kannst du auch zu einer Situation machen, in der du gerade bist. Mit etwas Glück kannst du aus diesem Rohmaterial sogar ein Gedicht basteln!

In den nächsten Abschnitten findest du ein paar Hinweise, wie du aus solchem Rohmaterial wirklich gute Gedichte machen kannst. Es sind keine festen Regeln, die du befolgen musst. Es kann sein, dass du jeden einzelnen Tipp links liegen lässt und etwas ganz Neues, sehr Gutes schaffst. Es sind ja gerade die jungen Autoren, von denen man sich in der Literatur neue Ideen erhofft. Schreibe auf jeden Fall das, was du willst, und lass dir nicht die Lust daran nehmen, einfach mal schnell zum Spaß ein Gedicht hinzukritzeln. Was du hier findest, sind einfach nur Erfahrungswerte von Dichtern und Ideen, die du aufgreifen kannst. Es gibt ein paar Dinge, die bei einem Ge-

dicht den Unterschied zwischen »Na ja« und »Wahnsinn«, zwischen »Schublade« und »Profi« machen. Sie zu entdecken kann ungeheuer spannend sein.

In Bildern sprechen:
»Ich kam im Herzen bis nach Grönland«
Viele sehr gute Gedichte beschreiben nicht einfach, wie der Autor sich fühlt und was er denkt, sondern sie bringen diese Gefühle *rüber* und erzeugen sie quasi im Leser. Du kennst das bestimmt, dass dich ein Text tief im Inneren berührt, dass er es schafft, dich in eine besondere Stimmung zu versetzen. Deshalb bringt es beim normalen Lesen auch wenig, ein Gedicht lang und breit zu analysieren – denn das Geheimnis ist ja gerade, dass gute Lyrik meist nicht deinen Verstand anspricht, sondern ohne Umweg tiefere Schichten deines Ichs. Du musst ein Gedicht sozusagen nicht verstehen, um es zu verstehen. Es spricht in Bildern. So wie diese beiden Strophen aus *Wintermusik* von Sarah Kirsch:

> Bin einmal eine rote Füchsin ge-
> Wesen mit hohen Sprüngen
> Holte ich mir was ich wollte.
>
> Grau bin ich jetzt grauer Regen.
> Ich kam bis nach Grönland
> In meinem Herzen.

Natürlich kann das, was du schreiben willst oder geschrieben hast, auch völlig abstrakt sein. Doch es hat eine bessere Wirkung, wenn du einen Gedanken nicht wörtlich hinschreibst,

sondern ein Bild dafür finden kannst, ihn quasi in die Sprache der Poesie »übersetzt«. Das macht ihn nicht nur viel interessanter und anschaulicher, sondern meist auch wunderbar doppeldeutig – deshalb kann man Gedichte oft auf viele verschiedene Arten interpretieren. Wie man eine (einfache) Aussage in ein (einfaches) Bild umsetzt, zeigt der Autor Günter Waldmann an einem Gedicht von Kristiane Allert-Wybranietz. Ohne Bilder würde es in etwa lauten:

Mit Problemen Beschäftigte/r

Ich säubere deine Wohnung
und halte sie in Ordnung

Ich bin zuständig
für deine seelischen
Schwierigkeiten und löse auch
meistens die
Beziehungsprobleme

in unserer Verbindung.
So langsam
bekomme ich selbst
Probleme.

Allert-Wybranietz hat jedoch für Probleme und Schwierigkeiten das Bild »Müll« benutzt. Das Original klingt so:

Müllarbeiter

Ich säubere die Wohnung
und halte sie in Ordnung.

Ich bin zuständig für deinen seelischen Müll
und kehre auch
meistens den
Beziehungsdreck
aus unserer Verbindung.

So langsam
werde ich selbst
Abfall.

Oder ein Beispiel von Hilde Domin. Jemand anderes würde
einfach sagen: »Bleib offen für Wunder«, sie sagt:

Nicht müde werden
sondern dem Wunder
leise
wie einem Vogel
die Hand hinhalten.

Domin aktiviert sozusagen das innere Auge des Lesers, sodass
man sich vorstellen kann, wie das Wunder aussieht (vielleicht
blau-lila, zart und durchsichtig, schimmernd), wie es heran-
schwebt und es sich auf der flachen Hand niederlässt. Ein
Dichter ist eigentlich besser dran als ein Fotograf, weil er eine
bestimmte Szene nicht nur als plattes, eindeutiges, zweidi-
mensionales »Bild« präsentieren muss. Er kann im Gehirn
einen Bildeindruck hervorrufen, komplett mit Gefühlen und
Stimmungen. Du brauchst das Bild deshalb nur grob zu skiz-
zieren, viel kannst du auch der Fantasie des Lesers überlas-
sen. Wenn ein Dichter die Kunst beherrscht, auf diese Weise
mit wenigen Worten oder Sätzen sehr viel rüberzubringen,

sagt man manchmal auch bewundernd »Das ist ein sehr dichter Text!«. Ein Beispiel ist Ezra Pounds ultrakurzes Gedicht *In einer Station der Metro*:

> Das Erscheinen dieser Gesichter in der Menge:
> Blütenblätter auf einem nassen, schwarzen Ast.

Ohne dass er mehr Beschreibung liefern und ins Schwafeln geraten muss, weiß man, was er meint. Eine zweite Möglichkeit ist, dass du anschauliche Details lieferst und das Gedicht dadurch lebendig werden lässt. Das macht Hans Magnus Enzensberger in *Ein Hase im Rechenzentrum*. Ein Auszug daraus:

> Die bebende Oberlippe
> zuckend im Neonlicht,
> die großen Augen starr
> auf den Bildschirm gerichtet,
> trommelt er panisch
> gegen das graue Linoleum.
>
> Dann, es ist drei Uhr früh,
> der letzte Plasmaphysiker
> ist nach Hause gegangen,
> schnellt er plötzlich hoch
> und jagt im Zickzack
> zwischen Monitoren
> und stotternden Druckern
> durch den verlassenen Raum.

Es wirkt deswegen, weil Enzensberger präzise beschreibt (von der Farbe des Linoleums bis zum Gesicht des verängstigten

Hasen), Farben und Geräusche einbaut und mit vielen Verben arbeitet. Durch sie ist das Gedicht voller Bewegung: Der Hase bebt, zuckt, trommelt, schnellt hoch, jagt durch den Raum. An diesem Beispiel siehst du auch, wie man einem Gedicht durch reizvolle Kontraste (ein wildes Tier, ein natürliches Lebewesen in einer hoch technischen Umgebung) eine innere Spannung gibt.

Weil wir jetzt schon bei den Tieren sind: Du kannst in deinen Gedichten abstrakte Ideen aber auch von Personen, Tieren oder Gegenständen verkörpern lassen (das nennt man Allegorie oder, wenn ein Gegenstand für etwas anderes steht, Symbol). Zum Beispiel kannst du die Natur als Hasen darstellen, die Freude als übermütiges junges Fohlen, das Glück als schillernd bunter Vogel oder – jetzt mal eine traditionelle Allegorie – Justitia mit ihrer Waage als verkörperte Gerechtigkeit. Natürlich eröffnet das interessante Blickwinkel: Du könntest nicht nur Justitia über ihre Probleme erzählen lassen, sondern auch einen Regentag zu Wort kommen lassen, einen Gullydeckel, oder, oder, oder …

Bei Bildern und Metaphern (das sind Sprach-Bilder, zum Beispiel wenn man die Haare eines Mädchens als »ihre Löwenmähne« bezeichnet) gilt: Frisch und ungewöhnlich ist besser als klischeehaft und schon tausendmal gehört. Schmeiß die Ausdrücke, die dir ganz automatisch in den Kopf gekommen sind, weg und verknüpfe Worte, Ideen und Bilder auf neue Arten – du wirst überrascht sein, was für wunderbar skurrile, die Fantasie anregende Dinge dabei herauskommen können.

Der Autor Günter Waldmann zählt ein paar solcher kühner Metaphern auf: *vollautomatisiertes Leben* und *Schmutz ab-*

weisende Trauer zum Beispiel. Man bekommt auch interessante Begriffe, wenn man zwei sich eigentlich widersprechende Worte verknüpft. Beispiele für ein solches »Oxymoron« sind *beredtes Schweigen* und Sarah Kirschs Buchtitel *Schneewärme*.

Während man in Geschichten vorsichtig mit Metaphern und Vergleichen umgehen sollte, braucht man sich bei Lyrik keinerlei Zwang anzutun – hier gibt es buchstäblich kein Zuviel, wir befinden uns ja ohnehin schon im Reich der Bildsprache. Schon Joseph von Eichendorff spickte Anfang des 19. Jahrhunderts seine Gedichte großzügig damit (»Wolken ziehn wie schwere Träume« schrieb er zum Beispiel). Auch in neueren Texten wie zum Beispiel *Adieu* des niederländischen Schriftstellers Cees Noteboom sind Bildwörter buchstäblich der Grundstoff, aus dem das Werk wächst. Ein Auszug:

> Wenn das Hochhaus weg ist, dies alles planiert ist,
> und du dich als Standbild erhebst,
> und ich dich berühre,
>
> wenn mit mir alle Dinge Schmerz empfinden,
> mit Trauer vernagelt sind, wenn das Nichts-mehr-Wissen
> wie Schimmel durch das Gewebe schleicht,
>
> bleibst du stehen, versilbert, verregnet, Ostwind irrt
> um dich rum und um mich,
> aus dem Gewöhnlichsten hab ich ein Unheil gemacht.

In Gedichten achtet man noch weit mehr als in erzählenden Texten auf die Bedeutungs-Untertöne oder die Symbolik von

einzelnen Worten. Beispiel Farben: Schwarz bringt man oft mit Tod in Verbindung, Rot mit Wut oder Hass. Das Wort »versilbert« erzeugt in Notebooms Gedicht einen Eindruck von Kühle und Unnahbarkeit, weil man automatisch »Silber« und »Metall« in Gedanken verknüpft und das Gehirn dem Wort die Eigenschaften von Metall quasi »anheftet«. Solche Untertöne und Verknüpfungen kannst du in deinen Gedichten ganz bewusst nutzen, um eine bestimmte Stimmung zu erzeugen.

Reim – muss das sein?

Ein großer Teil der modernen Lyrik wird im freien Vers geschrieben, wie die Gedichte von Ferlinghetti und Etter, die ich auf S. 88/9 zitiere – weit und breit kein Reim. Aber warum ist denn ein Text, nur weil jemand ihn in kleine Worthäppchen zerhackt und diese dann untereinander geschrieben hat, ein Gedicht? In gewissem Sinne macht die ungewöhnliche Form den Text zum Gedicht, weil sie die Aufmerksamkeit stärker auf die einzelnen Wörter lenkt. Dadurch werden sie auch anders laut gelesen. Aber du hast schon Recht, manchmal wäre das, was man eigentlich als Gedicht hingeschrieben hat, eine viel bessere Kurzgeschichte. Ob das bei deinem Text der Fall ist, wirst du merken, wenn du dir dein fertiges Werk ein paar Mal durchliest.

Natürlich gibt es noch Nischen, in denen der Reim friedlich weiter existiert: Bei Gedichten, die auf Geburtstagsfeiern vorgetragen werden, zum Beispiel, und in manchen Songtexten, wo auf »fly« immer noch mit großer Wahrscheinlichkeit »high« oder »sky« folgt, manchmal sogar beides, wenn dem

Texter nichts Besseres eingefallen ist. Manche Dichter und Dichterinnen entdecken den Reim wieder, da Gedichte, die sich reimen, glatter und gefälliger klingen. Auch für humoristische Effekte ist der Reim immer noch ungeschlagen. Das Schema, also welche Zeilen sich aufeinander reimen, bestimmt, wie das Gedicht später wirkt. Schlicht und eingängig wirken die traditionellen Formen ABABAB (erste Zeile reimt sich auf die dritte und fünfte, die zweite auf die vierte und sechste) oder, wie in dem Auszug aus *wegwerfgesellschaft* von Gerhard Rühm, das Schema AABB:

> vom auto ein paar schritte träg
> im mund die zigarette schräg
> walkman-popgedresch im ohr
> aus dem rock bleckt BILD hervor

Je weiter die Zeilen, die sich reimen, auseinander stehen, desto raffinierter klingt es. Es kommt also drauf an, welchen Effekt du erzielen willst.

TRAINING Schreib doch mal ein Gedicht und probier aus, wie es sich verändert, wenn du es in freien Vers und dann in mehrere verschiedene Reimformen umschreibst, von ABAB bis ABCDA. Du kannst aber auch Reime innerhalb einer Zeile benutzen. Hör mal, wie sich das in *Der Panther* von Rainer Maria Rilke anfühlt: »Ihm ist, als ob es tausend Stäbe gäbe« ...

Melodie und Rhythmus: Klangeffekte für Einsteiger

Ursprünglich waren Gedichte dazu da, laut vorgetragen zu werden. Viele der wandernden Barden und Minnesänger konnten nicht schreiben, aber dafür Hunderte von Strophen auswendig. Manche Lyriker arbeiten auch heute noch ganz bewusst mit gesprochener Sprache, mit Klang, Sprachmelodie, Rhythmus.

Man kann in ein Gedicht zum Beispiel Geräuschewörter (PENG, RATTER, SCHNIEF) oder Lautmalereien (zum Beispiel Tierstimmen: Miauouuuww) hineinbasteln oder gleich das ganze Werk nur aus Lauten aufbauen ... du hast den Freibrief zum Experimentieren! Kleiner Auszug aus dem Gedicht von Ernst Jandl, *krieg und so*:

> t-t-t-t
> t-t-t-t-
> grrrmmmmm
> t-t-t-t
> sch
> tzngrmm
> tzngrmm

Oder du spielst mit Gleichklängen wie Jandl in *ottos mops*:

> ottos mops trotzt
> otto: Fort mops fort
> ottos mops hopst fort
> otto: soso

oder mit Assoziationen wie Michael Finzer in dem Gedicht
Durst:

lebensdurstiglustigluftigwehendbierschwerleichtberauscht

Ein anderes Beispiel von dem Satiriker Robert Gernhard – der
übrigens alles, was er erlebt, zu Gedichten verarbeitet, von
der »Kurzen Rede zum vermeintlichen Ende einer Fliege« bis
hin zu seiner Herzoperation. Der Titel: *Diät-Lied (mit Ohrfeigenbegleitung)*.

> Ich freu mich auf mein Frühstück
> Da schneide ich zwei Hörnchen auf
> *(Klatsch Klatsch)*
> Da schneid ich etwas Graubrot auf
> und schmiere mir dick Butter drauf
> und Leberwurst und
> *(Klatsch Klatsch)*
> Und schmier dünn Margarine drauf
> und etwas Kräuterpaste
> und reichlich Gorgonzola
> *(Klatsch Klatsch)*
> Und keinen Gorgonzola

... und so weiter. Übrigens lässt sich der Autor zum Schluss,
trotz immer heftiger werdenden Ohrfeigengewitters, nicht
mehr von den Freuden des Lebens abhalten.
Rhythmus ist aber mehr als das. Wenn du ein Gedicht liest,
spürst du manchmal, dass es einem inneren Pulsschlag folgt,
dass die Worte genau so gewählt worden sind, dass es wie ein

Song einen bestimmten Rhythmus hat. In deinen Gedichten kannst du das über die Worte steuern, die du benutzt (sind sie kompliziert oder schwer auszusprechen, oder fügen sie sich fließend in die Zeile ein?), über die Satzlänge, über den Reim, über die Betonung in den einzelnen Worten (bei jedem Wort geht die Stimme ein klein bisschen rauf oder runter). Eine Faustregel gibt es dafür nicht, und es bringt nicht viel, hier in die Tiefen der metrischen Theorie einzusteigen – lies dir dein Gedicht einfach mehrmals vor, horche auf den Klang, achte darauf, worüber du beim Lesen stolperst, und schreib den Text so oft, bis du das Gefühl hast, dass er »stimmt«.

Ein zu Recht berühmtes Beispiel für all das, was ich in diesem Kapitel erklärt habe, ist *Der Panther* von Rainer Maria Rilke mit seinem klaren, starken Rhythmus und seinen Symbolen für Gefangenschaft:

> Sein Blick ist vom Vorübergehn der Stäbe
> so müd geworden, dass er nichts mehr hält.
> Ihm ist, als ob es tausend Stäbe gäbe
> und hinter tausend Stäben keine Welt.
>
> Der weiche Gang geschmeidig starker Schritte,
> der sich im allerkleinsten Kreise dreht
> ist wie ein Tanz von Kraft um eine Mitte,
> in der betäubt ein großer Wille steht.
>
> Nur manchmal schiebt der Vorhang der Pupille
> sich lautlos auf-. Dann geht ein Bild hinein,
> geht durch der Glieder angespannte Stille –
> und hört im Herzen auf zu sein.

Du kannst den Klang und die Melodie deines Gedichts auch steuern, indem du Buchstabenklänge benutzt: Die Vokale »E« und »I« lassen Worte eher heiter klingen, »O« und »U« düster, wie in Matthias Claudius' Gedicht *Der Tod*:

> Ach, es ist so dunkel in des Todes Klammer,
> Tönt so traurig, wenn er sich bewegt
> Und nun aufhebt seinen schweren Hammer
> Und die Stunde schlägt.

Das »W« wie in »Woge« oder »Welle« klingt weich und fließend, »St« wie in »Stein« oder »Stock« hart und abgehackt. Ein netter Klangeffekt lässt sich auch mit »Alliterationen« erreichen. Das sind Wörter mit dem gleichen Anfangsbuchstaben, die in einen Satz gepackt oder sogar hintereinander gestellt werden: *Weiße Weihnacht an der Wolga.* Auch in der Alltagssprache lassen sich damit Ausdrücke einprägsamer machen (»Mit Haut und Haar«, »Kind und Kegel«). Wiederholungen einzelner Wörter oder ganzer Zeilen dagegen geben dem Gedicht etwas Hypnotisches, Beschwörendes wie in diesem Auszug aus Helga M. Novaks *Meine Sprache*:

> du bist uns gefolgt
> in die Freiheit der Neonstadt
> in die Freiheit der heißen Straßenbahnen
> in die dreidimensionale Buntheit der Schaufenster

Du kannst auch mit mehreren »Textschichten« arbeiten, wie es Ingeborg Bachmann in *Reklame* macht:

Wohin aber gehen wir
ohne sorge sei ohne sorge
wenn es dunkel und wenn es kalt wird
sei ohne sorge
aber
mit musik
was sollen wir tun
heiter und mit musik
und denken
heiter
angesichts eines Endes
mit musik
und wohin tragen wir
am besten
unsre Fragen und den Schauer aller Jahre
in die Traumwäscherei ohne sorge sei ohne sorge
was aber geschieht
am besten
wenn Totenstille

eintritt

In einer Lesung könnte man dann jede Textschicht von einem anderen Sprecher vortragen lassen. Bei Lesungen kann man ohnehin eine Menge mit Lyrik machen: Du kannst dein Gedicht zum Beispiel wie einen Rap-Song vortragen oder eine Performance mit Musik und Videoclips daraus machen.

Form und Gestalt: Malen mit Versen
Genauso, wie du ein Gedicht sozusagen mit Tönen anreichern kannst, kannst du es auch optisch gestalten. Du kannst

die Großbuchstaben hinauswerfen, die Zeilen einrücken und die Wörter auf der Seite verteilen, ganz wie du Lust hast – solange man das Gedicht noch halbwegs entziffern kann. Das rüttelt den Leser auf und bringt ihn dazu, die einzelnen Wörter anders zu lesen. Der amerikanische Dichter Lawrence Ferlinghetti hat das immer ausgiebig getan, zum Beispiel in *Pictures of the Gone World* (Bilder der verschwundenen Welt):

> Die Welt ist ein herrliches Plätzchen
> um da hineingeborn zu werden
> falls man sich nicht dran stört dass Glück
> nicht immer so
> riesig viel Spaß bringt
> falls man sich an einem bisschen Hölle dann und wann
> nicht stört

Mit der Art, wie du die einzelnen Verszeilen gestaltest (»Zeilenbruch«), prägst du dein Gedicht, gibst ihm eine Struktur. Aber du veränderst auch – wenn auch nur ganz leicht – den Sinn und verschiebst die Akzente, weil das erste und letzte Wort der Zeile immer etwas hervorgehoben ist. Da du darüber entscheidest, wo die Zeile beginnt und endet, kannst du damit beeinflussen, wie der Leser das Gedicht erlebt.
Traditionell haben Gedichte Strophen, aber sie müssen keineswegs – so wie früher üblich – verschiedene Sinnabschnitte kennzeichnen. Manchmal kann man einen an sich einfachen Text auch ungewohnt machen, indem man die Strophe eben gerade nicht da enden lässt, wo man es erwarten würde, wie in dem Beispiel *Schneelandschaft* von Dave Etter:

Gelb

kriecht ein kleiner
Schulbus dahin
auf einem schmalen

Band
Schneestraße
ein Spritzer Farbe

auf der weißen
Winterleinwand
Das war

Wyoming
vom Zug aus
gestern

Richtig austoben kannst du
dich bei der »visuellen Lyrik«, auch konkrete Poesie genannt. Dabei macht man die
Bedeutung des Wortes sichtbar, wie in diesem Auszug
aus EIN SCHULDGEFÜHL von
Elke Erb:

Man
  hat de
    n Mond
      angebiss
     en. Er h
      ängt am
        Himmel. V
       ielleicht
      sieht
      es
      k
     ein
     er. V
    ielleicht
   halten sie
  ihn für una
ngebissen —

oder diesem von Timm Ulrichs:

ordnung	ordnung
ordnung	ordnung
ordnung	ordnung
ordnung	ordnung
ordnung	ordnung
ordnung	unordn g
ordnung	ordnung
ordnung	ordnung
ordnung	ordnung
ordnung	ordnung
ordnung	ordnung

Entdecken und nachmachen:
Haiku, Limerick, Sonett, Ballade

Manchmal reizt einen Autor der Kontrast, ein modernes Gedicht nach den strengen Regeln einer alten Lyrikform zu schreiben. Sicher auch aus diesem Grund sind Haikus, dreizeilige Gedichte aus der Tradition Japans und des Zen-Buddhismus, im Moment sehr beliebt.

Ein Haiku reimt sich nicht und hat nur drei Zeilen. Die erste Zeile darf nur fünf Silben haben, die zweite Zeile sieben und die dritte Zeile wieder fünf. Haikus handeln oft von der Natur, den Jahreszeiten oder einem Gefühl oder Erlebnis des Autors.

Ein Beispiel von Basho (1644–1694), einem der vier berühmtesten japanischen Haiku-Dichter:

> Ein uralter Weiher.
> Vom Sprung eines Frosches
> ein kleiner Laut.

»Eingefangen« und beschrieben wird ein kurzer Moment, ein Ereignis, ein Eindruck oder ein poetisches Bild. Es kann ruhig tiefgründig und symbolisch sein, deshalb klingen Haikus oft auch etwas geheimnisvoll.

Noch zwei moderne Beispiele, eins von Johannes Ahne und das zweite von Dietmar Weigel:

> Oktoberregen
> spült das Gold von den Bäumen;
> niemand hebt es auf –

Und von Dietmar Weigel:

> Wir warten immer
> Auf Kellner und harte Drinks
> Züge und Freunde

»Schreib auf, wenn du etwas siehst oder hörst, das bei dir etwas bewegt. Versuch es in die Haikuform zu bringen, ohne Gewalt anzuwenden. Lass es ein paar Wochen liegen. Prüfe dann, ob das Haiku für dich und damit vielleicht auch für andere nachvollziehbar ist«, empfiehlt Haiku-Fan Hans-Peter

Kraus. Mehr Infos, Beispiele und auch Veröffentlichungs-
möglichkeiten für von dir geschriebene Haikus gibt's z. B. auf
seiner Seite im Internet unter pweb.uunet.de/kraus.e

Ebenso feste Regeln, aber mehr Witz, hat der Limerick. Er
kommt aus Irland (Limerick ist auch der Name einer Stadt an
der Westküste des Landes) und ist im 18. Jahrhundert entstanden. Meist enthält er irgendeine »Pointe« oder eine überraschende Wendung.
Limericks bestehen aus fünf Zeilen: Zwei langen, die sich aufeinander reimen, zwei kurzen, die sich ebenfalls aufeinander
reimen, und einer letzten langen Zeile, die sich wieder auf die
ersten zwei reimt. Kurz, es hat das Schema AABBA und einen
starken Rhythmus (einer Theorie nach waren Limericks ursprünglich Marschlieder von Soldaten).
Diesen Rhythmus haben die Redakteure des »Limerick Leaders«, einer Zeitung im Internet, die in Limericks über die
neusten Ereignisse berichtet (www.coolwebsite.com/lime
ricks.html), versucht zu definieren. Lies es dir einfach mal laut
vor:

> (da) da DUM da da DUM da da DUM (da da dum)
> (da) da DUM da da DUM da da DUM (da da dum)
> (da) da DUM da da DUM (da)
> da DUM da da DUM (da)
> da DUM da da DUM da da DUM, (da da dum)

Du brauchst dich jetzt nicht sklavisch nach diesem Muster
zu richten. Hauptsache das Ergebnis ist lustig! Einen der be-

92

rühmtesten Limericks (von Rudyard Kipling) zitiere ich ausnahmsweise mal in Englisch:

> There was a young Lady in Riga
> Who smiled as she rode on a tiger
> They returned from the ride
> With the Lady inside
> And the smile on the face of the tiger.

Noch einer in Deutsch:

> Ein Pfarrer machte in Kamen
> gerade sein Fahrschulexamen
> Da stürzte ein Laster
> aufs Auto samt Paster.
> So kommt man durch Laster um: Amen!

Oder einer von Ernst Fabian:

> Es gab einen Schützen in Zell
> Der zielte daneben so schnell,
> Dass alle Juroren
> Den Anschluss verloren
> Und jener stets dastand als Tell.

Auch das Sonett ist eine klassische lyrische Form, die schon mehrere hundert Jahre auf dem Buckel hat und schon von Goethe, Shakespeare und Brecht verwendet worden ist. Falls du Lust hast, es mal mit einem Sonett zu versuchen: Es hat 14 Zeilen, und zwar meist aufgeteilt in zwei vierzeilige Strophen (»Quartette«) und danach zwei dreizeilige Strophen (»Terzette«). Es geht aber auch anders, Shakespeare zum Bei-

spiel verwendete drei Vierzeiler und koppelte die letzten beiden Zeilen ab (»Couplet«). Die Quartette reimen sich jeweils in der Form ABAB oder ABBA, die Terzette meist in der Form CDE. Genauso klar geregelt wie die äußere Form ist auch die innere: Im ersten Quartett wird etwas dargestellt, das im zweiten Quartett erweitert wird. Im ersten Terzett finden sich Überlegungen über den bisherigen Inhalt des Gedichts, und im zweiten Terzett bzw. dem Couplet wird sozusagen das Fazit gezogen und das Schlusswort gesprochen. Alles klar? Ein Beispiel von Shakespeare, genauer gesagt sein berühmtes Liebes-Sonett Nr. 18 in einer Nachdichtung von Karl Kraus:

> Soll ich denn einen Sommertag dich nennen,
> dich, die an Herrlichkeit ihn überglänzt?
> Dem Mai will Sturm die Blütenpracht nicht gönnen,
> und Sommers Herrschaft ist so eng begrenzt.
>
> Oft leuchten seines Blickes Feuerfarben,
> doch bald auch hört das goldne Glänzen auf,
> bis seine allerletzten Spuren starben
> in Wechsel und natürlichem Verlauf.
>
> Dir aber soll der Sommer niemals scheiden,
> die Zeit sei fern, dass Schönheit dir verdirbt.
> Des Todes gier'ger Blick weiß dich zu meiden:
> mein Wort verhütet, dass dein Wesen stirbt.
>
> Solange Ohren hören, Augen sehn,
> besteht mein Lied, wirst du im Lied bestehn!

Oder wie wär's mit einer Ballade? Viele Kulturen nutzen sie, um dramatische Ereignisse in Form eines langen Lied-Ge-

dichts zu erzählen und zu überliefern. Balladen handeln oft von Mut oder Liebe und enthalten meist viel Dialog. Bei den Cowboys Nordamerikas ist diese Form noch immer populär, und auch in Australien werden eifrig »Busch-Balladen« gedichtet. Hier als klassisches Beispiel ein Auszug aus Schillers »Die Bürgschaft« aus dem Jahr 1799:

> Zu Dionys, dem Tyrannen, schlich
> Damon, den Dolch im Gewande;
> Ihn schlugen die Häscher in Bande.
> »Was wolltest du mit dem Dolche, sprich!«
> Entgegnet ihm finster der Wüterich.
> »Die Stadt vom Tyrannen befreien!«
> »Das sollst du am Kreuze bereuen.«

Hauptperson Damon zieht los und lässt seinen Freund als Bürgen da. Kommt er nicht innerhalb von drei Tagen zurück, wird dieser vom Tyrannen erwürgt. Die Reise ist abenteuerlich, weil Damon dabei alle möglichen Hindernisse, vom Hochwasser bis hin zu Räubern, überwinden muss:

> »Was wollt ihr?«, ruft er, vor Schrecken bleich,
> »Ich habe nichts als mein Leben,
> Das muss ich dem Könige geben!«
> Und entreißt die Keule dem nächsten gleich:
> »Um des Freundes willen erbarmet euch!«
> Und drei mit gewaltigen Streichen
> Erlegt er, die andern entweichen.

Natürlich schafft er es trotzdem rechtzeitig – schon damals legte man Wert auf ein Happy End.

Viele Balladen sind gereimt, meist in einem recht simplen ABAB-Schema, viele kommen aber auch ganz »ohne« aus, wie *Die Füße im Feuer* von Conrad Ferdinand Meyer:

> Wild zuckt der Blitz. In fahlem Lichte steht ein Turm.
> Der Donner rollt. Ein Reiter kämpft mit seinem Ross,
> Springt ab und pocht ans Tor und lärmt. Sein Mantel saust
> Im Wind. Er hält den scheuen Fuchs am Zügel fest.
> Ein schmales Gitterfenster schimmert goldenhell,
> Und knarrend öffnet jetzt das Tor ein Edelmann ...

Es gibt keinen bestimmten Rhythmus, die Ballade ist in dieser Variante also einer ganz normalen Geschichte sehr ähnlich. Wetten, dir fallen auf Anhieb ein paar gute Themen für Balladen ein? Vielleicht hast du Lust, ein historisches Thema aufzugreifen wie zum Beispiel den Fall der Berliner Mauer, oder du schilderst den heroischen Kampf eines rebellischen Schülers gegen den Schuldirektor oder von Thomas Gottschalk gegen ein Gummibärchen mit Tollwut ...

TIPP  Wenn du wissen willst, was heutzutage an Prosa und Lyrik »anerkannt« ist, dann frag doch mal in der Buchhandlung nach, ob sie Literaturzeitschriften führen. Die bekanntesten heißen *Akzente, Das Gedicht, die horen, ndl – neue deutsche Literatur* und *Manuskripte*. Mehr in Richtung Satire/Humor geht die Zeitschrift *Der Rabe*. Oder wirf mal einen Blick in die vielen kleinen Lyrikzeitschriften, von denen auf Seite 175 ff. ein paar aufgeführt sind.

Titus Müller (Hg.), *Gedichte schreiben und veröf-fentlichen*, Federwelt-Verlag 2001, 208 Seiten, 12,40 €

Beiträge zahlreicher Experten – zum Beispiel darüber, wie man gute Gedichte schreibt, sie bei einer Lesung vorträgt, was es bei Slam Poetry zu beachten gilt und wie man einen Verlag für seine Lyrik findet. Zu empfehlen ist auch Müllers E-Book (CD-ROM) *Wie man gute Geichte schreibt*, erhältlich auf www.federwelt.de

Haiku. Japanische Dreizeiler, Reclam 1998, 144 S., 3,60 €

Enthält viele Beispiele. Von dieser Bücherserie gibt es übrigens mehrere Folgen.

5. Schreiben für Bühne, Film und Hörfunk

Drehbuch: Einmal nach Hollywood, bitte
»Ich hatte das Gefühl, meine Prosa gefällt mir nicht mehr, ich hatte Lust etwas Neues auszuprobieren und etwas mit anderen Leuten zu machen«, erzählt Christian Staas, der heute Germanistik, Geschichte und Politik studiert und nebenbei als Journalist arbeitet. Er schrieb als Jugendlicher erst Geschichten, dann stieg er auf Drehbücher um und produzierte (teilweise mit Freunden aus der Theatergruppe) vier Kurzfilme. »Film hat mich gereizt, weil das Teamarbeit ist und ich zur Abwechslung mal mit visuellen Bildern arbeiten konnte statt mit sprachlichen. Man kann auch ganz andere Geschichten erzählen.«

Selber einen Film zu drehen ist heute nicht mehr schwierig – moderne Videokameras liefern eine brauchbare Qualität, um damit zum Beispiel Kurz- oder Dokumentarfilme für die Schule zu verwirklichen. Spaß macht es auf jeden Fall, sich an ein solches Projekt zu wagen. Natürlich braucht ihr, bevor ihr damit anfangen könnt, eine Idee, einen »Stoff«, eine Geschichte, die ihr verfilmen wollt. Ihr könntet zwar auch improvisieren, aber es wäre eine gute Übung, es so weit wie möglich wie die Profis zu machen, mit einem richtigen Drehbuch und festgelegten Dialogen. Aber selbst wenn du keine Lust hast, den Film zu drehen – es kann immer wieder Chancen geben, selbst als Schüler ein Drehbuch »unterzubringen«. 1997 veranstalteten beispielsweise die Stadt Köln und der Fernsehsender RTL einen Drehbuchwettbewerb an Kölner Schulen: Schüler wurden aufgerufen, ein Script für einen Fernsehfilm zu schreiben.

Eigentlich ist ein Drehbuch nur eine Arbeitsanweisung an die Schauspieler und Regisseure, deshalb kommt es vor allem auf die Handlung und auf die Dialoge an. Der Stil ist praktisch unwichtig. Zwar ist die Idee für den Film von dir, aber in Bilder umgesetzt wird sie von anderen (eventuell gemeinsam mit dir). In einen professionellen Film bringen sich Regisseur, Kameramann, Cutter und noch viele andere Mitarbeiter kreativ ein.

Dein erster Schritt nach dem Geistesblitz sollte sein, ein Exposé zu schreiben. Du fasst die Geschichte auf etwa vier Seiten in Gegenwartsform und ohne Dialog zusammen und diskutierst sie mit deinen Co-Filmern. Nachdem ihr euch über Änderungen geeinigt habt, könnt ihr eigentlich schon anfan-

gen, die Idee in einzelne Szenen aufzuschlüsseln, zu Anfang noch ohne Dialoge. Das nennt man dann »Treatment«. Nun könnt ihr euch ans Drehbuch machen. Am besten besorgt man sich ein paar Beispiele, daran lernt man am besten. Ihr bekommt sie entweder aus einer (größeren) Bibliothek oder aus dem Internet (siehe S. 105 ff.). Alle Drehbücher sind in Szenen eingeteilt, sie sind sozusagen die kleinsten einzelnen Bausteine des Films: Immer wenn der Schauplatz wechselt oder ein »Zeitsprung« stattfindet, beginnt eine neue Szene. Über jede schreibt man über eine fortlaufende Nummer und sagt kurz, wo sie spielt, tagsüber oder bei Nacht, innen oder außen. Ins Drehbuch gehören auch Beschreibungen, zum Beispiel der Hauptfigur und der Schauplätze. Sie brauchen nicht allzu detailliert zu sein, Hauptsache du machst deutlich, was für eine Atmosphäre herrscht. Bei Dialogen musst du manchmal dazusagen, in welchem Ton sie gesprochen werden, was derjenige dabei macht und zu wem er es sagt, wenn mehrere Personen in der Szene vorkommen. Das sieht im Drehbuch dann etwa so aus:

MARTIN
(wütend)
Du warst schon immer ein Halunke, Achim!

oder:

MARTIN
(grinsend)
Du warst schon immer ein Halunke, Achim!

Dein Drehbuch sollte fertig etwa so aussehen wie dieser Auszug aus Woody Allens *Manhattan Murder Mystery*:

1. AUßEN. NACHT. NEW YORK CITY.

Aus einem Hubschrauber bewegt sich die Kamera über die Skyline und endet auf dem Madison Square Garden, den sie ruhig umkreist. Bobby Short singt »I happen to like New York.« Schnitt.

2. INNEN. NACHT. MADISON SQUARE GARDEN.

Durch die Schutzglasscheibe blickt die Kamera auf ein Eishockeymatch der New York Rangers und schwenkt dann schnell auf Carol und Larry, die auf der Tribüne sitzen. Larry verfolgt mit offenem Mund das Spiel. Carol wirkt uninteressiert und blickt gelangweilt an die Hallendecke.

LARRY
Ach, komm. Du hast versprochen, dass du das ganze Eishockeyspiel durchhältst, ohne dich zu langweilen. Und ich halte dafür die Wagner-Oper nächste Woche durch.

CAROL
(gleichzeitig)
Was ist? – Ich weiß, Schatz, ich hab's versprochen.

LARRY
Ich hab auch schon Ohrenstöpsel.

CAROL
Ja. Aber bei deinen Augen überrascht es mich,
dass du hier den Puck siehst.

Larry reagiert auf ein Tor. Carol klatscht nicht sonderlich begeistert.

LARRY
Oooh!

CAROL
Super, ja!

Wenn ihr euch eine Liste aller Szenen anlegt, behaltet ihr den Überblick über das, was ihr schon »im Kasten« habt und was noch gemacht werden muss. Denn wahrscheinlich werdet ihr diese Einzelteile des Films nicht der Reihe nach drehen wollen, sondern diese und spätere Szenen, die alle tagsüber in Olivers Haus spielen, sozusagen auf einen Rutsch erledigen und später an die richtige Stelle im Film »einbauen«. Wenn du noch an der Struktur der Handlung arbeitest, kannst du jede Szene auf eine Karteikarte schreiben und sie dann herumschieben, bis es zu passen scheint.
Ähnlich wie ein Theaterstück haben Drehbücher eine (nicht in den Text eingetragene) Gliederung in drei etwa gleich lange Akte: Im ersten Akt werden die Hauptfiguren eingeführt und der Grundkonflikt skizziert. Im zweiten Akt steigert sich dieser Konflikt, die Handlung nimmt ihren Lauf. Der dritte Akt ist dann sozusagen die Auflösung. Zwischen dem zweiten und dritten Akt befinden sich traditionell dramatische, oft

auch überraschende Wendepunkte (*Plot Points* nennt sie der Experte), die die Handlung vorantreiben. Der Drehbuch-Guru Syd Field zitiert als Beispiel für diese Struktur den Spielberg-Film *E.T.*: Plot Point I ist, dass Elliott E. T. im Abstellraum versteckt. Im zweiten Akt gewöhnt der kleine Außerirdische sich ein. Der zentrale Punkt wird eingeführt: E. T. will »nach Hause telefonieren« und die Kinder helfen ihm dabei. Plot Point II ist, dass E. T. stirbt. Im dritten Akt wendet sich dann doch noch alles zum Guten.

Wenn man ein Drehbuch schreibt, ist es wichtig, in Bildern zu denken. Was für Handlungsorte würden im Film gut aussehen? Wie kann man eine Idee oder ein Gefühl in Bildern und Dialogen rüberbringen? Umgekehrt brauchst du Gerüche zum Beispiel gar nicht erst mit in die Beschreibung aufzunehmen, außer du weist auf sie hin, indem du die Hauptperson die Nase rümpfen und sich über den Gestank beschweren lässt.

Äußerst wichtig sind für den Film die Dialoge. Wenn sie langweilig und gestelzt sind, bringt das den Zuschauer zum Gähnen, pfiffige und witzige Dialoge können hingegen den Film retten, selbst wenn die Handlung noch die eine oder andere Schwäche hat. Sie sollten so »natürlich« wie möglich sein, sonst klingen sie hölzern und liegen sozusagen quer im Mund, wenn sie die Schauspieler dann aussprechen müssen. Arbeite ruhig verschiedene Akzente oder leichte Dialekte, »ähms« und »Ohs« und so weiter ein. Jede Figur sollte an ihrer Sprechweise zu erkennen sein.

Sieh dir einen oder mehrere Filme, die du gut findest, *zweimal hintereinander* auf Video an. Beim ersten Mal lässt du den Film einfach nur auf dich wirken, beim zweiten Mal analysierst du ihn: Was für eine Struktur hat er – hast du die drei Akte bemerkt? Wo sind die Plot Points, die dramatischen Höhe- oder Wendepunkte? Wie sind die Dialoge gemacht? Was für Schwächen oder Stärken hat der Film? Wie werden die Hauptpersonen charakterisiert?

So, jetzt müsst ihr den Film nur noch drehen! Oder wenn du einen »richtigen« Film machen willst, musst du nur noch eine Produktionsfirma oder einen Fernsehsender dafür interessieren. Frische, originelle Ideen sind immer gefragt, aber deine Arbeit muss natürlich Profiqualität haben. Verkauft wird erst mal die Idee, kein fertiges Drehbuch. Die Unterlagen, die man von dir verlangen wird, sind eine kurze Zusammenfassung der Handlung auf einer Seite (»Synopsis«), dann ein Exposé, das quasi eine Inhaltsangabe von etwa vier Seiten darstellt, und dann ein Treatment (jede einzelne Szene, aber ohne Dialog, ca. 15–50 Seiten). Erst dann wird man bei dir die Rohfassung eines Drehbuchs in Auftrag geben. Du musst darauf vorbereitet sein, dass du diesen Entwurf noch mehrmals nach den Wünschen der Produzenten umarbeiten musst oder dass dazu sogar andere Autoren beauftragt werden, das hat nichts mit dir oder deinem Alter zu tun. Unverblümte Kritik ist in diesem Geschäft üblich, und wer empfindlich reagiert, der gibt sich als Amateur zu erkennen. All das wird ver-

ständlich, wenn man bedenkt, was für ein Aufwand es ist, einen richtigen Film zu drehen (daran sind meist Hunderte von Spezialisten beteiligt) und dass es Hunderttausende oder gar Millionen kostet, wenn man es richtig machen will. Ob sich das wieder einspielt, ist immer ungewiss. Billiger geht es natürlich auch, besonders Absolventen von Filmhochschulen schaffen immer wieder, mit geringem Aufwand sehr gute Abschlussfilme zu machen. Den größten Teil des Honorars gibt es übrigens erst, wenn der Film ausgestrahlt wird bzw. in die Kinos kommt. Dann kann man allerdings ziemlich viel Geld damit verdienen.

Drehbuchschreiben ist weniger Literatur als Handwerk, und ein Handwerk kann man lernen. Deshalb gibt es viele, viele Werkstätten, Seminare und Ratgeber zum Thema. Ein paar dieser Bücher habe ich am Ende des Kapitels aufgeführt. Schau doch auch mal im Internet, da gibt es (zum Teil in Englisch) viel zum Thema, zum Beispiel auf der Website www.screenwriting.com. Auf der Site www.script-o-rama.com findest du jede Menge englischer Original-Filmdrehbücher, von *Armageddon* bis *Titanic*. Aus solchen Beispielen kann man eine Menge lernen. Mehr Infos bekommst du beim

Verband Deutscher Drehbuchautoren e.V
Albrechtstr. 19
10117 Berlin
Fax. 030/2576 2974
E-Mail: info@drehbuchautoren.de
www.drehbuchautoren.de

Wertvolle Hilfe bei Videoprojekten bekommst du vom

Bundesverband Jugendvideoarbeit e.V.
Marbacher Str. 34a
70435 Stuttgart
Tel. & Fax. 0711/566959
E-Mail: info@bvja.de
www.bvja.de

Dort kannst du dich informieren, was für Videofilm-Festivals und Wettbewerbe stattfinden. Außerdem bekommst du Hilfestellung bei Gerätefragen, Darsteller- und Drehbuchsuche.

BUCHTIPPS

Syd Field, *Das Handbuch zum Drehbuch. Übungen und Anleitungen zu einem guten Drehbuch*, Zweitausendeins, Frankfurt am Main, 13. Auflage 2000, 232 S., 16,85 €

»Bibel« vieler Drehbuchschreiber. Behandelt von der Vorbereitung über Struktur und Charakterisierung der Figuren fast alles, was man wissen muss. Man sollte sich allerdings nicht sklavisch nach seinem »Drei-Akte-Schema« richten. Muss direkt bei Zweitausendeins, Tel. 01805/232001, www.zweitausendeins.de, bestellt werden.

Linda Seger, *Das Geheimnis guter Drehbücher*, Alexander Verlag, Berlin, 4. Auflage 2001, 280 S., 22,50 €

Gut verständliches und sehr nützliches Anleitungsbuch, in dem Struktur, Ideen-Entwicklung und Figuren-Entwicklung besprochen werden. Auch für Einsteiger geeignet, bespricht aber auch für Fortgeschrittene interessante Dinge wie »Kommerzielle Aspekte hineinbringen« und »Den Mythos erschaffen«.

Theater: Vorhang auf und Bühne frei!

Ein Theaterstück ist als reiner Text nur zum Teil »lebendig«. Wirklich zum Leben erweckt wird es erst, wenn es aufgeführt wird. Du könntest zum Beispiel die Chance nutzen, dein Stück von der Schultheater-Gruppe oder einer anderen Laiengruppe auf die Bühne bringen zu lassen. Du kannst ihnen das Stück dann sozusagen »maßschneidern«. Wenn ihr euch einig geworden seid, dann ist es sinnvoll, wenn du deine Ideen schon in der Entstehungsphase mit der Truppe abstimmst und Vorschläge sammelst. Dann gibt es nachher weniger Streit, und du riskierst nicht, dass es sich die Gruppe anders überlegt, weil dein Stück ihr doch nicht gefällt.

Du kannst ein Stück komplett selbst erfinden oder ein Buch oder eine Erzählung, die es schon gibt, als Theaterstück »dramatisieren«, also für die Bühne umschreiben. Das ist gar nicht so einfach, denn man kann einen Text ja nicht einfach so Wort für Wort übernehmen. Normalerweise macht man sich Gedanken, was die wichtigsten Ideen und Szenen sind und wie man sie am besten von den Schauspielern vortragen lässt. Um eine solche Bearbeitung aufführen zu dürfen, brauchst du natürlich die Genehmigung des Autors – außer, er ist schon seit über 70 Jahren tot, zu diesem Zeitpunkt erlischt nämlich

das Urheberrecht. Dann braucht man keine Genehmigung und muss auch keine Gebühr dafür zahlen, wenn man den Stoff bearbeiten will.

Ein Theaterstück schreibt man ähnlich wie ein Drehbuch, nur dass die Akte hier »sichtbar« sind, also im Manuskript »1. Akt«, »2. Akt« etc. steht. Mehrere Akte müssen nicht sein, es gibt auch kurze Einakter und Sketche. Will man damit den Abend füllen, führt man einfach mehrere kurze Stücke hintereinander auf. Immer wenn Ort oder Zeit wechseln, beginnt eine neue Szene. Wichtig ist, dass du dreidimensional denkst und dir die Handlung auf der Bühne vorstellst. Die Figuren können im Vorder- und Hintergrund agieren, Gesten und Bewegungen begleiten die Worte und müssen dem Schauspieler zum Teil vom Autor vorgeschrieben werden. Stell dir vor, wie der Text gesprochen klingt.

Doch es gibt bei Theaterstücken nicht nur eine Menge Dinge zu beachten, sondern auch eine ganze Menge Möglichkeiten, mit denen du spielen kannst: Du kannst zum Beispiel »Stimmen aus dem Off«, also bei denen der Sprecher nicht sichtbar ist, verwenden. Um rüberzubringen, was eine Figur denkt, kann sich der Schauspieler direkt ans Publikum wenden und es ihm erzählen oder seine Gedanken laut aussprechen, ohne dass ihn die anderen Figuren hören. Vielleicht lässt du einen Erzähler auftreten, der dem Publikum etwas erklärt oder Einführungen in bestimmte Szenen liefert. Du kannst auch Musik, Tanz und Gesang einbauen, also eine Art »Musical« aus deinem Stück machen. »Für viele Leute ist Theater ein sehr traditionelles Medium, aber ich fände es gut, wenn gerade von jungen Autoren mehr experimentelle Stücke kämen«,

meint Henning Fangauf vom Kinder- und Jugendtheaterzentrum in Frankfurt. »Warum schreibt nicht einer ein Libretto für zwei Tänzer? Warum nimmt niemand Nintendo als Ausgangssituation für eine dramatische Handlung? Warum lässt man nicht fünf Bildschirme miteinander kommunizieren?« Um herauszufinden, wie Theaterstücke oder Musicals funktionieren, schaut man sich am besten ein paar an oder liest sich Stücke durch – frag mal in der Bibliothek, die haben sicher welche da.

Am leichtesten schreibt sich der erste Entwurf, wenn du mit einer Grundidee anfängst, eine Inhaltsangabe schreibst und diese dann in Szenen aufteilst. Diese einzelnen »Bausteine« kannst du dann mit Dialog ausarbeiten. Hier ein einfaches Textbeispiel aus dem Stück *Freunderfinder* des Kinderbuchautors Paul Maar:

9. Szene – Kinderzimmer

Stefan sitzt am Tisch, seine Schulbücher und Hefte vor sich, und liest in einem Comic-Heft. Aus dem Nebenzimmer hört man das Tippen von Verena. Das Tippen wird kurz unterbrochen: Stefan reagiert sofort darauf, indem er das Comic-Heft wegsteckt. Das Tippen geht wieder weiter: Stefan holt es wieder hervor. Aber nach kurzer Zeit hört das Tippen ganz auf. Stefan steckt das Heft wieder weg. Verena kommt ins Zimmer (ihr ist die Stille in Stefans Zimmer unheimlich).

VERENA	*erleichtert* Du machst Hausaufgaben, schön!
STEFAN	Mathe hab ich schon fertig.
VERENA	Sehr schön. Ich schau mir's später an.
STEFAN	Jetzt kommt Biologie: Der Tiger. Weißt du was über Tiger?
VERENA	Wahrscheinlich weniger als du. Du kannst ja in deinem Bio-Buch nachschauen. *Sie geht.*
STEFAN	Verena!
VERENA	*streckt den Kopf noch mal durch die Tür.* Ja?
STEFAN	Was fressen denn Tiger?
VERENA	Weiß ich auch nicht. Jedenfalls keine *Nudeln*! *Sie geht ab.*

Stefan schaut in seine Büchertasche, um wirklich das Bio-Buch zu suchen, dabei sieht er aber Katjas Schal, den er in seine Büchertasche gesteckt hat, um ihn ihr morgen in der Schule wiederzugeben.

Du musst also erklären, was geschieht und wie das alles in etwa aussehen soll und das alles in Gegenwartsform. Zusätzlich musst du noch Regieanweisungen wie *Licht weg, Vorhang, Auftritt Person X, Person X geht ab* – verlässt also die Bühne – *Pause, Überleitungsmusik* etc. in den Text hineinschreiben. Ganz an den Anfang deines Manuskripts gehört

eine Liste der Figuren, die im Stück vorkommen, mit kurzen Beschreibungen. So kann sich der Regisseur sofort einen Überblick verschaffen, wie viele Schauspieler er brauchen wird und wie sie in etwa aussehen sollten. Das Praktische bei einem Stück, das man selbst für eine bestimmte Theatergruppe schreibt, ist, dass man für jeden Teilnehmer eine passende Rolle einbauen kann.

Als Beispiel dafür, wie man im Theater Figuren einführt und charakterisiert, hier ein Auszug aus dem Stück *Der nachlässige Empfänger* von Ranka Keser.

1. Akt

Wir befinden uns in Grünwald, einem noblen Vorort von München. Das Bühnenbild zeigt das Wohnzimmer von GERTRUD SEITZ, der Besitzerin des Hauses. Der Raum ist geschmackvoll, aber auch etwas antiquiert eingerichtet. Dunkles Holz, schwere Vorhänge und Ölbilder an den Wänden. In der Mitte steht ein verschnörkelter Holztisch, hinter ihm eine Couch und an den beiden Seiten jeweils ein Sessel.

Auf einem der Sessel sitzt Gertrud Seitz mit übereinander geschlagenen Beinen. Sie ist eine Frau Ende sechzig, die sehr auf ihr Äußeres bedacht ist und eine kühle und distanzierte Ausstrahlung besitzt. Sie ist elegant gekleidet und hat lange, lackierte Fingernägel. In den Händen hält sie eine Mappe und sie schreibt etwas. Vor ihr auf dem

Tisch liegen andere Papiere. Die Tür zum Wohnzimmer wird geöffnet und in den Raum tritt
KARLA BREITKOPF. Sie ist eine junge Frau mit
hübschem Gesicht; ihre Erscheinung ist aber
dennoch schlicht. Sie trägt dunkle Kleidung –
nicht gerade die neuste Mode – und ihr Haar
ist zu einem Pferdeschwanz gebunden. Sie geht
auf Gertrud zu und hält ein Staubtuch in der
Hand.

KARLA   So, Frau Seitz. Hab das Bad ge-
schrubbt und die Fenster geputzt. (*Sie steht neben
Gertrud und blickt auf sie herab. Lächelnd neigt
sie den Kopf zur Seite*).
GERTRUD   (*blickt verwirrt zu ihr auf*) Was?
Ach so, ja. (*Dann sieht sie Karla prüfend an und
winkt sie zu sich heran*) Komm doch bitte einmal
näher. (*Karla beugt sich etwas vornüber*) Noch
näher! (*Karla kommt mit ihrem Gesicht nah an
Gertrud heran*). Hauch mich mal an. (*Karla
haucht*). Du hast wieder geraucht. Igitt! Du weißt,
wie ich das verabscheue. Ich kann einfach nicht
verstehen, wie man sich bereitwillig dazu her-
geben kann, seine Gesundheit zu ruinieren.
Rauchen ist primitiv, Karla. Einfach primitiv.
(*Sie wedelt mit dem Papier herum*). Sinnloses
Gequalme. Es verursacht runzlige Haut und
behindert die Durchblutung. Ferner macht es
schlapp. Und ich will nicht, dass meine Haus-

haltshilfe SCHLAPP ist. Das kann ich weiß Gott nicht brauchen.

KARLA   *(geht nun mit ihrem Staubtuch zur Kommode und fängt an zu wischen)* Ich bin doch nicht schlapp, Frau Seitz. Ab und zu ein Zigarettchen, das brauch ich halt. *(Sie reckt den Hals und blickt auf die Mappe, die Gertrud in den Händen hält.)* Was schreiben Sie denn da, Frau Seitz? Den Brief an Ihren Enkel?

So beginnt eine Geschichte, in der es zwischen Karla, Gertrud und ihrem verwaschenen-Jeans-und-Lederjacken-Enkel Jojo zu einigen Turbulenzen kommt.

Wie beim Film musst du dein Werk »loslassen« können. Denn wenn es aufgeführt wird, verändert sich das Stück und nimmt sein Eigenleben an. Sowohl der Regisseur als auch die Schauspieler arbeiten ja auch am Endprodukt mit. »Das ist ein ganz seltsames Gefühl, dass man seine Figuren lebendig auf der Bühne vor sich hat«, sagt Katharina Schlender, die schon mit 17 Theaterstücke schrieb. »Zu Anfang haben das Freunde von mir aufgeführt, die hatten natürlich ihre eigene Persönlichkeit und wollten sich nicht alles aufdrängen lassen, was ich ihnen über die Rolle gesagt habe. Es kommt bei der Aufführung also immer etwas anderes raus, als man sich gedacht hat.«

Leider werden heutzutage in fast allen Theatern mehr Klassiker gespielt als zeitgenössische Stücke. Die meisten Werke werden den Dramaturgen, also denjenigen, die sich an einem Theater um die Auswahl der Stücke kümmern, von Theater-

verlagen angeboten. In diesem Fall arbeiten die Verlage also als »Vermittler«, nicht als Organisationen, die ein Buch drucken und in den Handel bringen. Ihnen muss man das Stück anbieten, mit ihnen schließt man den Vertrag. Sie pflegen den Kontakt zu den Bühnen und verschicken Leseexemplare. Die meisten Theaterverlage sind spezialisiert auf bestimmte Stücke, daher solltest du nichts »blind« an sie schicken, sondern dich vorher nach den Schwerpunkten des Programms erkundigen. Passende Adressen findest du im *Jahrbuch für Autoren*, siehe S. 187. Man kann sich natürlich auch direkt an die Theater wenden, besonders dann, wenn man durch Eltern, Verwandte oder Bekannte selbst Kontakte zu Bühnen oder Gruppen hat.

Geld bekommt man für das Stück übrigens erst, wenn es wirklich aufgeführt wird. Abgerechnet wird pro verkauftem Sitzplatz (75 Cent – 1,50 €). Natürlich nur dann, wenn man schon mit Profis arbeitet – eine Laien-Theatergruppe verdient ja auch nichts an so einem Auftritt, da kann man nicht mit Honorarforderungen kommen. Normalerweise gehen 75 % der Autorenhonorare vom Theater an den Verfasser des Stücks, der Rest an den Verlag, der das Manuskript vermittelt hat.

Wenn du ein Theaterstück geschrieben hast und das in Workshops mit erfahrenen Autoren besprechen willst, dann bist du beim internationalen Autorenfestival »*Interplay Europe*« richtig, das alle zwei Jahre im Sommer oder Herbst stattfindet, das nächste Mal im Jahr 2004. Teilnehmen können daran junge Dramatikerinnen und Dramatiker zwischen 16 und 26 Jahren. Das Kinder- und Jugendtheaterzentrum, das diese

Veranstaltung durchführt, organisiert auch jeden März in Wolfenbüttel eine Dramatiker-Werkstatt für junge Autorinnen und Autoren. Dafür muss man sich mit einem Konzept für ein Stück oder einem fertigen Stück sowie einem Lebenslauf bewerben. Durch ein Stipendium, das der Autor Paul Maar gestiftet hat, können ausgewählte Autoren kostenlos an dem Workshop teilnehmen. Nähere Infos dazu und zu Interplay gibt es beim:

Kinder- und Jugendtheaterzentrum in
der Bundesrepublik Deutschland
Henning Fangauf
Schützenstr. 12
60311 Frankfurt am Main
Tel. 069/296661
Fax. 069/292354
E-Mail: H.Fangauf@kjtz.de
www.kjtz.de
www.interplay-europe.de

Hilfestellung beim Schreiben von Theaterstücken bekommst du auch in der Dramatiker-Werkstatt für Schülerinnen und Schüler ab 16, die ca. einmal im Jahr in Stuttgart veranstaltet wird (2001 fand sie im Februar statt). Ein Wochenende lang tauschen sich die jungen Autoren mit Theater-Profis aus, besprechen ihre Texte und schauen sich Theaterstücke an. Das alles kostet 30 € Anmeldegebühr. Nähere Infos bekommst du beim

Theater im Zentrum
Peter Galka
Heusteigstr. 39
70180 Stuttgart
Tel. 0711/216-2328
E-Mail: theaterimzentrum@stuttgart.de
www.theater-im-zentrum.de

Falls du Mitglied in einer Theatergruppe bist, dann hast du vielleicht Lust, beim bundesweiten Wettbewerb »Schüler machen Theater« mitzumachen. Bewerben können sich alle Gruppen aus Jugendlichen im Schüleralter. Nähere Infos bekommst du unter der Adresse

Berliner Festspiele GmbH
Theatertreffen der Jugend
Budapester Str. 50
10787 Berlin
Tel. 030/25489-122 oder -213
Fax. 030/25489-132
www.berlinerfestspiele.de/jugend

Das Beste, was du als angehender Dramatiker tun kannst, ist, dich intensiv mit der Welt des Theaters zu beschäftigen. »Die meisten guten Theaterautoren haben sich als Schüler jede Premiere ihres Stadttheaters angeschaut, haben sich dort als Statisten beworben oder haben versucht, auf Premierenfeiern zu kommen und mit den Profis zu reden«, sagt Henning Fangauf vom Kinder- und Jugendtheaterzentrum.

 Helene Gate & Kent Hägglund, *Bühne frei!
Theaterspielen von der Idee bis zur fertigen
Vorstellung,* Verlag St. Gabriel, Mödling bei Wien,
2. Auflage 1995, 128 S., 19,90 €

Ein Buch für angehende Theaterleute von zwölf bis 15 Jahren.
Großformatiger Band, in dem alle Fragen, von dem Stück
über Proben, Bühnenbild, Beleuchtung und Ton bis hin zur
Vorstellung, behandelt werden. Verständlich geschrieben und
liebevoll illustriert, enthält Übungen zum Beispiel für dramatische Spiele und Scharaden sowie Erzählübungen.

Hörspiel: Geschichten für die Ohren
So sieht zum Beispiel ein Auszug aus dem Drei Fragezeichen-
Buch Der Super-Papagei als Hörspielskript aus, produziert
vom Tonstudio Europa (www.rockybeach.com/hoerspiel/
superpapagei01.htm):

Person	Kommentare	Was wird gesprochen?
	Anfangsmusik	
	Vogelgezwitscher	
	Schritte	
	Hilferufe	
Justus		Hey, jemand ruft um Hilfe.
Peter		Ich hab's gehört. (*zögert*) War das nun ein Mann oder eine Frau?
Justus	*überlegt*	Hm, vielleicht keins von beiden

Person	Kommentare	Was wird gesprochen?
Peter	*verwundert*	Keins von beiden? Wie meinst du das, Just? Vielleicht ein Kind. Oder ob es Mr Malcolm Fentriss war? Dann wäre es doch ein Mann gewesen.
Justus		Ich weiß nicht.
Peter	*stöhnt*	O Mensch, Just, wir zieh'n los, um einen verschwundenen Papagei zu suchen, und bevor wir noch im Haus sind, schreit jemand um Hilfe.
Justus		Hm.
Peter		Ich hoffe nur, dass dies nicht schon wieder ein komplizierter Fall wird.
Justus		Im Gegenteil, es fängt doch recht aussichtsreich an. (*horcht*) Hm. Scheint sich alles wieder beruhigt zu haben. Wir sehen mal nach.
Peter	*ängstlich*	Zu diesem Haus zieht mich aber gar nichts hin. Es sieht aus, als hätte es lauter verschlossene Räume, die man besser nicht betritt.

Es ist eine ganz schöne Herausforderung, eine Geschichte nur in Dialogen und Geräuschen zu erzählen. Dafür eignen sich Kurzgeschichten und Erzählungen, aber keine Gedichte. Als Autor hat man bei einem Hörspiel die Aufgabe, eine bestimmte Atmosphäre und Bilder im Kopf des Hörers entstehen zu lassen. Dabei sind die Dialoge äußerst wichtig: Du solltest checken, wie sie funktionieren, indem du sie erst einmal selbst sprichst und aufnimmst. Wenn du ein Hörspiel ganz allein oder komplett selbst produzieren willst, kannst du deine Stimme für die verschiedenen Rollen verstellen, noch besser ist es natürlich, wenn du ein paar Freunde zusammentrommelst und die einzelnen Rollen an sie verteilst. Passende Geräusche zu erzeugen ist nicht schwer, da fällt dir sicher eine Menge ein. Das Geklapper von Pferdehufen kann man zum Beispiel sehr gut mit Kokosnussschalen auf einem harten Boden nachahmen, für ein Regengeräusch kannst du die Dusche verwenden. Fertige Tonkonserven gibt es auch – frag mal in CD-Geschäften.

Ein fertiges Hörspiel eignet sich prima als Geschenk, du kannst es in Form von Kassetten-Mitschnitten als »Hörbücher« an Freunde & Eltern verschenken. Oder dein Ehrgeiz ist erwacht und du möchtest das Manuskript an den Hörfunk verkaufen. Leider gibt es die richtigen Hörspiele von 40–90 Minuten Länge fast nur noch bei öffentlich-rechtlichen Rundfunkanstalten. Private Sender bringen nur selten welche, oder nur die ganz kurzen Formen wie Sketche. Gesucht werden von den Sendern Literarische Hörspiele, Texte für den Kinder- und Jugendfunk, Krimis, kurze Soaps und witzige Kurzhörspiele.

Das Anbieten läuft so: Man schickt seinen Text in Form eines Exposé oder fertigen Hörspiels direkt an die Hörfunksender und bekommt, wenn es auf Interesse stößt, die Änderungswünsche gesagt. Hat man sein Manuskript umgearbeitet, wird das Hörspiel vom Sender produziert und mit richtigen Sprechern in Szene gesetzt. Wenn den Redakteuren gefällt, was du machst, bekommst du vielleicht auch weitere Aufträge. Hörspiele werden ziemlich gut bezahlt, man bekommt etwa 1700 – 6000 € pro Stück.

Wenn du Ernst machst mit dem Hörspielschreiben, dann solltest du dir vor allem möglichst viele Profi-Hörspiele anhören. In der monatlich erscheinenden Zeitschrift *Hörwelt* findest du unter anderem ein bundesweites Programm, was wann wo gesendet wird, außerdem Interviews und Informationen aus der Szene. Bestellen kann man sie bei:

AudioKultur
Verlag für audiovisuelle Medien GmbH
Heger Str. 27
49074 Osnabrück
Tel. 05 41 / 2 05 04 01
Fax. 05 41 / 2 05 04 02

Infos zum Thema gibt's natürlich auch im Internet, z. B. auf www.hoerspiel.com

 Sandra Uschtrin (Hg.), *Handbuch für Autorinnen und Autoren. Adressen und Informationen aus dem deutschen Literatur- und Medienbetrieb,* Uschtrin Verlag, München, 5. Auflage 2001, 460 Seiten, 35,– €

Enthält neben Interviews, Berichten und vielen Adressen auch ein gutes Kapitel zum Thema Hörspiel mit Adressen von Sendern. Die Informationen stehen zum Teil auch im Internet, und zwar unter der Adresse www.uschtrin.de/ai.html

6. Am Text herumbasteln

»Man sollte sich sagen: ›Der erste Leser bin ich selbst, ich muss mit dem, was ich mache, zufrieden sein. Wenn ich meine Gefühle und Gedanken richtig ausgedrückt habe, dann wird es schon werden‹«, rät der Jugend- und Drehbuchautor Dieter Bongartz (*Makadam, Der zehnte Sommer des Kalli Spielplatz*). »Für mich gibt es in der Literatur und Kunst nur eine Regel: Man kann alles machen, aber man muss es richtig machen – sodass es funktioniert.«

Funktionieren bedeutet, dass man nach ein paar Seiten in den Text »hineingezogen« wird. Dann wird aus ein bisschen Druckerschwärze auf Papier im Kopf deines Lesers eine wirkliche Geschichte, mit wirklichen Menschen. In diesem Kapitel erfährst du, wie du feststellst, ob die Rohfassung deines Textes »funktioniert«. Wenn das noch nicht der Fall ist, dann findest

du hier Tipps, wie du an ihm arbeiten könntest, um ihn zu verbessern.

Überarbeiten: Die erste Fassung ist selten die Letzte

Die erste Fassung deines Textes ist fertig? Glückwunsch! Dann hast du schon mehr geschafft als viele andere junge Autorinnen und Autoren, denn Geschichten nicht fertig zu schreiben ist in diesem Alter ziemlich normal. Natürlich könntest du den Text jetzt so lassen, wie er ist. Wahrscheinlich gefällt er dir auch so, denn schließlich hast du ihn eben erst geschrieben. »Ich hatte das Gefühl, ich schreibe es runter und dann stimmt es so – korrigiert habe ich die Sachen nicht«, erzählt Claudius Blume, der als Jugendlicher Geschichten und Gedichte zu schreiben begann. Heute ist er 26 und angehender Deutschlehrer. »Gelegentlich hat mir aber Kritik von Leuten, denen ich meine Texte gegeben habe, gezeigt, dass ich noch etwas daran machen muss. Gelernt, richtig an meinen Sachen zu feilen, habe ich dann bei den Workshop-Treffen mit anderen Autoren.«

Bei Profis ist die erste Fassung selten die Letzte. Damit du deutlicher siehst, was an einem Gedicht oder einer Geschichte gemacht werden muss, genügt es meist, das Ganze eine Weile liegen zu lassen – ein paar Tage, ein paar Wochen, ein paar Monate. Du wirst merken, dass du den Text, wenn du ihn dann wieder zur Hand nimmst, mit völlig anderen Augen siehst. Du hast dich sozusagen innerlich »von ihm entfernt«, du hast Distanz zu ihm bekommen und kannst ihn jetzt nüchterner und realistischer betrachten. Jetzt fällt dir meist deutlich auf, dass dich bestimmte Dinge noch daran stören. Wenn

dich während des Durchlesens bei irgendeiner Stelle oder in irgendeiner Sache ein mulmiges Gefühl beschleicht, dann solltest du dieses Gefühl ernst nehmen. Meist ahnst du instinktiv, was mit deinem Manuskript noch nicht stimmt. Aber sei nicht zu streng mit dir und pfeffere das Manuskript nicht gleich genervt in den Papierkorb. Die erste Fassung ist nun mal eine Rohfassung, die noch geschliffen und poliert werden muss. Es hilft, sich den Text ein paar Mal laut vorzulesen, dann nimmt man Klang und Rhythmus der Sätze deutlicher wahr und merkt, worüber man beim Lesen stolpert.

Obwohl auch ein paar Profis ihren Text nach dem ersten Aufschreiben nie wieder anfassen, kritzeln und streichen die meisten anderen so viel in ihren Manuskripten herum, dass man sie zum Schluss kaum noch lesen kann. Deshalb sind Computer so praktisch – mit einem Textverarbeitungsprogramm brauchst du das Ganze nicht mühsam neu abtippen, sondern kannst es bequem am Bildschirm bearbeiten.

TEST  Versuch mal, deine Arbeit selbst zu bewerten. Das hilft dir, deine Texte klarer zu sehen. Schreib zu jedem Punkt, was dir an deinen Texten besonders gefällt, was dir nicht so gefällt und was du gerne verbessern würdest. Am besten benutzt du dafür Stifte in verschiedenen Farben, zum Beispiel Grün für die positiven Dinge und Lila für deine Kritik. Wenn es dir schwer fällt, dich selbst zu bewerten, dann versuch, dich in die Rolle deines größten Fans (den wird es bestimmt einmal geben) und eines richtig fiesen Krümel suchenden Zeitungskritikers zu versetzen.

- *Ideen*
- *Handlung*
- *Spannung*
- *Aufbau*
- *Figuren – Charakterisierungen*
- *Sprache*
- *Schauplätze/Beschreibungen*
- *Stimmen nachprüfbare Fakten?*
- *Atmosphäre*
- *Wirkung (lachen die Leute, wenn es witzig sein soll?)*

Texte mit anderen diskutieren:
Wem soll ich meine Werke zeigen?
Natürlich hängt es auch oft von deiner Stimmung ab, wie du einen Text findest, den du einmal geschrieben hast. Edith Wiegel, die mit 15 anfing zu schreiben, mittlerweile einige Kurzgeschichten veröffentlich hat und die Autorengruppe »Seitenspinner« leitet, kennt das Gefühl: »Am Anfang, wenn ich die Geschichte schreibe, bin ich voller Euphorie, denke mir: ›Mensch, ist das gut!‹. Dann kommt später beim Durchlesen der Kritiker in mir heraus und nörgelt ›Meine Güte, ist das umständlich erzählt, das ist doch sowieso Quatsch‹.« Solche Schwankungen gehören dazu. Damit man eine neutralere Meinung und einen Eindruck davon bekommt, wie eigene Texte auf andere wirken, haben viele Autoren die Möglichkeit entdeckt, sich mit anderen auszutauschen. Es gibt mehrere Möglichkeiten:
- *Du suchst dir einen Gegenleser. Das ist jemand, der sich*

für die Texte interessiert und dem man zutraut, einem ehrlich die Meinung zu sagen. Man gibt ihm das Manuskript zum Lesen, und nach einer Weile gibt der Gegenleser es dann mit einem Kommentar zurück. Im besten Fall hat er seine Bemerkungen ausführlich an den Rand gekritzelt. Gegenleser sind sehr nützlich, weil sie den Text in Ruhe ganz lesen können. Aber ihre Meinung ist eben nur *ein* Urteil von vielen möglichen. Wie man einen Gegenleser findet? Du könntest zum Beispiel den Deutschlehrer fragen, ob er in der Schule noch andere Leute kennt, die auch schreiben. Oft erfährt man es ja sonst gar nicht. Oder du machst einen Aushang am schwarzen Brett. Auch in den Redaktionen von Schülerzeitungen oder in Schreibworkshops kann man Gegenleser finden. Einfach fragen!

- *Du findest einen Mentor oder eine Mentorin.* Ein Mentor ist ein Erwachsener – zum Beispiel ein Verwandter, ein Freund deiner Eltern, ein Lehrer oder ein Profi-Autor –, der sich für das interessiert, was du machst, und dir hilft, dich weiterzuentwickeln. Er oder sie gibt dir Tipps und Rückmeldung zu deinen Texten, fördert und ermutigt dich. Leider ist es nicht so einfach, einen Mentor zu finden. Außerdem musst du darauf achten, dass du deinen eigenen Stil bewahrst und dich nicht zu stark von der Meinung deines Mentors abhängig machst.
- *Du beteiligst dich an einer Autorengruppe.* In vielen Städten gibt es Leute, die sich regelmäßig treffen, sich ihre Texte gegenseitig vorlesen und sie dann besprechen. Der Vorteil: Du hörst viele verschiedene Ansichten zu deinem

Werk (die manchmal auch entgegengesetzt sein können! Was dem einen gefällt, findet der andere nicht so toll) und kannst dann entscheiden, was davon du sinnvoll findest und bei der Überarbeitung beachten möchtest. Der Nachteil ist, dass immer nur kurze Textteile gelesen werden können, damit alle drankommen.

- *Workshops und Kurse.* In Workshops arbeiten die Teilnehmer meist wie in einer Autorengruppe an ihren Texten und bekommen vom Leiter gleichzeitig ein bisschen Theorie des Schreibens vermittelt. In Kursen geht es dagegen mehr um Theorie und Schreibübungen und -spiele. Es werden nur selten bereits fertige Texte, die du daheim geschrieben hast, besprochen. Der Vorteil: Du lernst andere junge Autoren kennen und kannst an deinen Texten arbeiten. Der Nachteil: Kostet Zeit und Geld.

Vielleicht traust du dich nicht, deine Texte überhaupt jemandem zu zeigen, geschweige denn in einer Autorengruppe vorzulesen. Das geht vielen Leuten so, zum Beispiel auch Martin Kroissenbrunner, 16, der schon seit langem Mitglied in der Jugend-Literatur-Werkstatt Graz ist.»Früher war ich sehr empfindlich, weil ich Angst vor Zurückweisung hatte, aber auch sehr von mir eingenommen war. Keiner durfte etwas gegen meine Texte sagen«, meint er.»Es heißt immer, ›Nimm's nicht persönlich‹, aber wie soll das gehen, wenn in der Geschichte so viel von dir drinsteckt. Aber dann habe ich doch gemerkt, dass die Vorschläge der anderen mir weitergeholfen haben, und mich langsam daran gewöhnt.«

Es lohnt sich, es einmal mit einer Gruppe oder einem Gegenleser zu versuchen, denn meist bemerkt man die Schwächen

in den eigenen Texten nicht so gut wie jemand anderes. Auf diese Art kann man wertvolle Tipps bekommen, wie man es noch besser machen könnte. Man sieht seine Geschichten und Gedichte zum ersten Mal durch die Augen von Lesern. Dass die Besprechungen ihrem Stil gut taten, stellte auch Marie-Luise Kunst fest, die durch eine Bekanntschaft in einem Theaterworkshop zu der Autorengruppe »Seitenspinner« kam. »Es ist ganz wichtig, sich Leute zu suchen, die auch schreiben«, meint sie. »Wenn man als Jugendlicher allein im Kämmerchen sitzt und niemanden hat, der einen unterstützt, ist es ganz schwer, den Mut nicht zu verlieren und weiterzumachen.«

Eltern und sehr gute Freunde sind nicht immer als Gegenleser geeignet, weil sie dich lieben und dadurch deine Werke nicht wirklich »neutral« sehen können. Am besten bewährt sich immer noch eine Autorengruppe. Worauf du achten solltest, ist, dass du dich dort wohl und mit deinen Texten akzeptiert fühlst. Alter und Noten spielen dagegen keine Rolle, Konkurrenz sollte es hier keine geben. Man versucht sich einfach nur gegenseitig zu helfen. Das funktioniert leider nur, wenn man kritisch ist: »Wichtig ist die Möglichkeit, sich mit Leuten auszutauschen, die sich nicht nur auf die Schulter klopfen, sondern bei denen es ans Eingemachte geht. Auch wenn's am Anfang ein bisschen wehtut«, sagt Martin Ohrt, Leiter der Jugend-Literatur-Werkstatt Graz. »Meiner Erfahrung nach versuchen die Teilnehmer behutsam miteinander umzugehen, weil jeder weiß, er kommt irgendwann auch dran.«

Denk daran, dass das, was die anderen sagen, immer nur *Meinungen* sind, die aufgrund eines bestimmten Geschmacks

entstehen. Wenn ihnen dein Text nicht gefällt, bedeutet das nicht, dass er schlecht ist. Besonders bei Deutschlehrern muss man damit rechnen, dass ihnen ungewöhnliche, gewagte Texte zuweilen geistige Verdauungsbeschwerden machen. Aufmerksam werden sollte man aber, wenn von mehreren Leuten – besonders von Leuten, die selbst schreiben – der gleiche Einwand kommt. Dann ist die Wahrscheinlichkeit recht groß, dass an der Kritik »etwas dran« ist. Wichtig ist, dass man nicht gekränkt reagiert, sondern sich die Meinung des anderen ruhig anhört. Ob du sie dann umsetzt, weil du einen brauchbaren Kern darin gefunden hast, oder so schnell wie möglich vergisst, ist dann ganz allein deine Sache.

Die beste Art, mit Kritik oder Lob umzugehen, ist, gnadenlos nachzubohren. Gib dich nicht damit zufrieden, wenn jemand sagt: »Das fand ich prima!«, oder: »Das hat mir nicht so gut gefallen.« Erst wenn du weißt, warum deine Geschichte oder dein Gedicht jemandem gefallen oder nicht gefallen hat, kannst du deine Stärken ausbauen oder den Text noch mal gezielt überarbeiten. Frag denjenigen doch einfach mal:

- Wie er die Idee fand
- Wie er die Sprache fand
- Ob er sich die Personen gut vorstellen konnte oder ob die eine oder andere Figur zu blass geblieben ist
- Welche Szenen er besonders gut fand und welche weniger gut
- Ob ihm irgendwelche Stellen aufgefallen sind, die ein bisschen langatmig waren
- Ob ihm Widersprüche in der Handlung aufgefallen sind

... und so weiter, bis dein Gesprächspartner deutliche Zeichen der Schwäche zeigt oder seine Fluchtversuche nicht mehr zu übersehen sind.

Fortbildung: Workshops und Kurse

Besonders dann, wenn du in deiner Umgebung niemanden gefunden hast, der sich als Gegenleser eignet, und auch weit und breit keine mögliche Autorengruppe in Sicht ist, dann ist ein Workshop oder Kurs eine gute Möglichkeit, Feedback zu deinen Texten zu bekommen. Dort kannst du die handwerklichen Tricks lernen, die allen Autoren nützlich sind – wie man Figuren deutlich charakterisiert, gute Beschreibungen hinbekommt, eine Handlung aufbaut, Spannung erzeugt.

Als Erstes solltest du dich darüber informieren, was die Volkshochschule in deinem Ort oder in der nächsten größeren Stadt anbietet. Meist sind dort einige Kurse zum Thema »Kreatives Schreiben« im Programm, die sich gut für Einsteiger eignen. Frag auch mal im Literaturbüro deiner Stadt nach, ob es solche Workshops veranstaltet (die Nummer findest du im Telefonbuch). Wenn du dort nicht fündig geworden bist, dann helfen dir vielleicht die Adressen in diesem Kapitel. Meist wird das Seminar dort veranstaltet, wo der Anbieter seinen Sitz hat. Gewöhnlich kostet es einige hundert Euro pro Person. Lass dir einfach mal das aktuelle Programm schicken.

Einen Ferien-Workshop unter dem Motto »*Wenn ich mit der Muse schmuse*« bietet das Westfälische Literaturbüro für Autorinnen und Autoren von 16 bis 25 Jahren an. Gewöhnlich findet er in der letzten Ferienwoche in Nordrhein-Westfalen (Ende Juli) auf dem Jugendhof W. Münker in Arnsberg statt

und kostet 100 € plus Übernachtung und Verpflegung. Anmeldeschluss ist Ende Juni. Du solltest dich möglichst bald bewerben, weil der Kurs meist schnell ausgebucht ist. Anmelden kann man sich bei:

Westfälisches Literaturbüro in Unna e.V.
Friedrich-Ebert-Str. 97
59425 Unna
Tel. 02303/963850
Fax. 02303/963851
E-Mail: post@wlb.de
www.wlb.de

Zweimal im Monat gibt es in Graz (Österreich) ein Autorengruppen-Treffen für junge Leute aus der Region. Außerdem führen die Veranstalter sechs internationale Werkstatt-Wochen in den Schulferien durch, drei für die 8- bis 13-Jährigen und drei für die 14- bis 19-Jährigen. Daran können auch Jugendliche aus Deutschland teilnehmen. Infos bekommst du bei der:

Jugend-Literatur-Werkstatt Graz
c/o Martin Ohrt
Goethestr. 21
A-8010 Graz
Tel. 0043/316/318906
Fax. 0316/318977
E-Mail: info@literaturwerkstatt.at
www.literaturwerkstatt.at

Ganz ähnlich arbeitet der Kinder-Jugend-Schreibring e.V. in Halle. Dort treffen sich Kids zweimal im Monat im kleinen Kreis, um eigene Geschichten vorzulesen und neue zu schreiben. Immer mal wieder werden diese Geschichten vom Schreibring in Sammelbänden veröffentlicht.

Kinder-Jugend-Schreibring e.V.
Christina Seidel
Amselweg 56
06110 Halle
Tel. 03 45/4 44 98 45
E-Mail: info@schreibring.de
www.schreibring.de

Ein Literaturhaus nur für Kinder und Jugendliche ist »LesArt« in Berlin. Dort kannst du bei Lesungen nicht nur Autorinnen und Autoren treffen, sondern auch Schreibwerkstätten mitmachen und an der Literaturzeitung »xyz« mitarbeiten.

LesArt
Berliner Zentrum für Kinder- und Jugendliteratur
Weinmeisterstr. 5
10178 Berlin
Tel. 0 30/2 82 97 47
Fax. 0 30/2 82 97 69
E-Mail: info@lesart.org
www.lesart.org

Unter dem Motto »Schreibend die Welt erobern« bietet die Landesarbeitsgemeinschaft Jugend und Literatur Nordrhein-Westfalen e.V. jedes Jahr mehrere Schreibwerkstätten. Sie finden meist über ein oder zwei Tage statt, Veranstaltungsorte sind meist Jugendherbergen, Stattbüchereien etc.

Landesarbeitsgemeinschaft Jugend und Literatur NRW e.V.
Leyendeckerstr. 9
50825 Köln
Tel. 02 21 / 9 54 58 82
Fax. 02 21 / 9 54 58 83
E-Mail: Jugendliteratur@lkj-nrw.de
www.lkj-nrw.de/jugendliteratur

Geeignet für junge Autoren sind die Workshops des Autors Emil Zopfi. Er hat in seinem Haus in der Schweiz schon mehr als 200 Schreibkurse durchgeführt. Mitmachen kann jeder. Angeboten werden zum Beispiel Wochenendseminare zu »Erzählende Texte schreiben« oder »Sachtexte attraktiv und verständlich schreiben«, aber auch Wochenkurse in Verbindung mit Urlaub. Für ehemalige Teilnehmer gibt es eine offene Textwerkstatt. Ein Wochenendkurs kostet ca. 500 SFr, ein Wochenkurs ca. 750 SFr (incl. Kurs, Verpflegung, Unterkunft in Doppelzimmern).

Ausdruckswerkstatt Christa und Emil Zopfi
CH-8758 Obstalden
Tel. 00 41 / 5 56 14 17 15
Fax. 00 41 / 5 56 14 19 84

E-Mail: emil@zopfi.ch
www.zopfi.ch

Offen für alle Interessenten sind auch die Kurse des Psychologen und Autors Dr. Jürgen vom Scheidt, der gemeinsam mit seiner Frau Ruth Zenhäusern eine Schreibwerkstatt in München leitet und selbst über 40 Bücher veröffentlicht hat. Im Programm sind Wochenendseminare wie »Kleine Schreibwerkstatt« (kostet ca. 130 €), »Vom Traum zum Text« und »Kurzgeschichten schreiben« sowie Wochenseminare wie die »Bücher-Werkstatt« (ca. 360 €), auch in Kombination mit Urlaub im Gebirge.

Münchner Schreibwerkstatt
im Institut für Angewandte Kreativitätspsychologie (IAK)
Seestr. 8
80802 München
Tel. 089/395471
Fax. 089/392307
E-Mail: info@iak-talente.de
www.iak-talente.de

Für Fortgeschrittene eignen sich die Aus- und Fortbildungsveranstaltungen von textwerk, einem Gemeinschaftsprojekt des Literaturhaus München und der Bertelsmann Stiftung. Im Programm sind Seminare mit Textarbeit und Informationen über den Literaturbetrieb, zum Beispiel »Historischer Roman«, »Krimi«, »Kinderbuch« und »Drehbuch«. Außerdem gibt es einen Aufbaukurs für Romanautoren. Die Teilnehmer

werden ausgewählt; man muss eine Textprobe und eine Kurz-vita einschicken. Zwar sind die Seminare kostenlos, aber man muss seine Anfahrtskosten und die Unterbringung selbst bezahlen. Es gibt Wochenendkurse, bei manchen Seminaren werden die Autoren aber in drei über das Jahr verteilten ein-wöchigen Seminaren bei der Arbeit an ihrem Projekt betreut und angeleitet.

textwerk
Literaturhaus München
Salvatorplatz 1
80333 München
Tel. 089/291934–23
Fax. 089/291934–19
E-Mail: textwerk@literaturhaus-muenchen.de
www.muenchen.de (zu »Kultur« weiterklicken)

Ebenfalls sehr gute Fortbildungen, bei denen die Teilnehmer aus allen Bewerbern ausgewählt werden, führt die Bundes-akademie Wolfenbüttel durch. Angeboten werden Seminare in den Bereichen Bildende Kunst, Literatur, Musik und Thea-ter. Allein zum Thema Literatur gibt es hier jedes Jahr über zwanzig meist dreitägige Seminare, z. B. »Lyrik«, »Hörspiel«, »Drehbuchwerkstatt«, »Science Fiction« oder »autobiogra-fisches Schreiben«. Jedes Seminar kostet ca. 120–150 € pro Kurs, incl. Verpflegung und Unterkunft.

Bundesakademie für kulturelle Bildung Wolfenbüttel e.V.
Postfach 1140

38281 Wolfenbüttel
Tel. 0 53 31 / 80 84 18
Fax. 0 53 31 / 80 84 13
E-Mail: post@bundesakademie.de
www.bundesakademie.de

Eine viertägige Schreibwerkstatt für Jugendliche aus dem ganzen Bundesgebiet bietet der Verein Kreatives Schreiben e.V. in Berlin an. Sie findet jeweils in den Herbstferien statt. In einer Villa am Wannsee nehmen die Schüler an Arbeitsgruppen teil und schreiben neue Texte, abends werden die Texte einzelner der Teilnehmer präsentiert. Der Workshop endet mit einer öffentlichen Abschlußlesung. Da die Plätze oft schon ein halbes Jahr vorher ausgebucht sind, sollte man sich unbedingt frühzeitig anmelden!

Kreatives Schreiben e.V.
c/o Werner
Brachvogelstr. 6
10961 Berlin
Tel. 0 30 / 6 94 88 18
E-Mail: info@schreibwerkstatt-berlin.de
http://jugendserver.spinnenwerk.de/~kreativesschreiben/

Vorsicht ist dagegen bei vielen Fernlehrgängen geboten. Für viel Geld (meist mehrere tausend Euro) bekommt man dabei Lehrbriefe und Übungsaufgaben, die ähnlich wie Schulunterricht aufgebaut sind. Es bringt jedoch mehr, wenn man gemeinsam mit anderen Autoren aus Erfahrung lernt – die The-

orie kann man sich aus Büchern genauso gut aneignen. Mehr zum Thema Fernlehrgänge auf S. 224.

Gisela Schalk/Bettina Rolfes, *Schreiben befreit. Ideen und Tipps für das Schreiben in Gruppen und im stillen Kämmerlein,* Verlag Kleine Schritte, Trier 1986, 176 S., 10,– €

BUCHTIPP

Unterhaltsam geschriebenes Buch für alle Autorinnen bzw. Autoren, die eine Schreibwerkstatt suchen oder gründen möchten. Berichte aus der Praxis eines Schreibseminars werden ergänzt durch Tipps für die Organisation einer Schreibwerkstatt und durch Vorschläge für Übungen und Schreibspiele.

Autorenverbände: Gemeinsam geht's besser

Sich mit anderen Autoren austauschen kann man auch, wenn man einem Verband beitritt. Das ist ein bisschen so wie in einem Verein, nur dass die Mitglieder meist über das ganze Land verstreut sind. Meistens gibt es aber Treffen der Regionalgruppen, sodass du auf diesem Weg auch andere schreibende Leute in deiner Gegend kennen lernst. Höre dich erst einmal in deiner Stadt und Region um, ob es dort Autorengruppen oder Verbände gibt. Findest du keine oder gefallen sie dir nicht, dann kannst du dich immer noch an einen der bundesweiten Vereinigungen wenden.
Bevor du einem Verband beitrittst, solltest du dich bei erfah-

renen Autoren oder bei einem der Verbände, die in diesem
Kapitel aufgeführt sind, erkundigen, was für einen Ruf er hat.
Es gibt nämlich auch »Pseudo-Autorenverbände«, die aus un-
durchsichtigen Gründen von Geschäftemachern gegründet
worden sind. Seriös und gut für Einsteiger geeignet ist der
BVJA. Dort kann man auch Mitglied werden, wenn man noch
nichts veröffentlicht hat.

Bundesverband junger Autoren und Autorinnen e.V. (BVJA)
Postfach 20 03 03
53133 Bonn
E-Mail: heike.prassel@bvja-online.de
www.bvja-online.de

Der Verband hat sich auf die Fahnen geschrieben, junge
Autorinnen und Autoren zu fördern. Er veranstaltet Wettbewerbe und Lesungen, Seminare und Workshops und gibt In-
formationsbroschüren heraus. Außerdem können Mitglieder
in den Zeitschriften des Verbands (*Konzepte* und *LIMA – Lite-
rarisches Magazin*) Texte veröffentlichen. In der Mitgliedszeit-
schrift *Federwelt* findest du Service-Meldungen, zum Beispiel
Infos über gerade laufende Wettbewerbe. Es gibt einen eigenen Lektoratsservice für Mitglieder und Beratung zu Verlagsverträgen. Wenn man mit anderen Autoren Kontakt aufnehmen will, kann man sich Adressen von anderen Mitgliedern
vermitteln lassen, die in der gleichen Region leben. Eine Mit-
gliedschaft im BVJA kostet 26 € im Jahr.
Später, wenn du schon mindestens ein Buch veröffentlicht
hast, kannst du dich auch in den richtigen Berufsverbänden,

sozusagen den »Gewerkschaften« der Schriftsteller, engagieren. Der mit Abstand größte ist der

Verband deutscher Schriftsteller in ver.di
Bundesgeschäftsstelle Sabine Herholz
Potsdamer Platz 10
10785 Berlin
Tel. 030/6956 23 31
Fax. 030/6956 36 56
E-Mail: kunst-kultur@verdi.de
www.verdi.de

Der VS setzt sich in der Politik und bei Verlagen für die Interessen aller Autoren und Autorinnen ein. Außerdem führt er Veranstaltungen, Kongresse und Weiterbildungsseminare durch. Mitglieder können sich bei allen Fragen rund ums Veröffentlichen kostenlos beraten lassen und bekommen kostenlos Hilfe von einem Anwalt, wenn sie zum Beispiel mit ihrem Verlag Ärger haben. Der Beitrag ist 1,2 Prozent des Monatseinkommens. Darin enthalten ist das Abo der Mitgliederzeitschrift »Kunst und Kultur«, die neunmal im Jahr erscheint und einen guten Serviceteil mit Ausschreibungen und Hinweisen hat. Auch Nichtmitglieder können sie abonnieren, dann kostet das Jahresabo 26 €.
Ähnliche Verbände in den deutschsprachigen Ländern sind die

IG Autorinnen Autoren
Literaturhaus

Seidengasse 13
A-1070 Wien
Tel. 01 / 5 26 20 44 13
Fax. 01 / 5 26 20 44 55
E-Mail: ig@literaturhaus.at
http://www.literaturhaus.at

Schweizerischer Schriftstellerinnen- und
Schriftstellerverband (SSV)
Nordstr. 9
CH-8006 Zürich
Tel. 01 / 3 50 04 60
Fax. 01 / 3 50 04 61
E-Mail: letter@ch-s.ch
www.ch-s.ch

7. Fragen über Fragen

Wie merke ich, ob ich Talent habe oder nicht?

»Ich habe immer den Wunsch gehabt, Schriftstellerin zu werden und gleichzeitig angezweifelt, ob ich das kann«, erzählt die junge Autorin Marie-Luise Kunst, die mit einem Romanmanuskript 1999 das Münchner Literaturstipendium in der Sparte Kinder- und Jugendliteratur gewann. »Deshalb war es für mich sehr wichtig, Rückmeldung zu haben. Es gab eine alte Frau im Ort, eine Freundin meiner Großmutter – wenn die gesagt hat, dass es gut ist, habe ich ihr geglaubt. Bei meinen Eltern habe ich den Eindruck gehabt, dass sie denken, ich werde eitel, wenn sie mich für meine Texte loben. Von Lehrern oder von dieser alten Frau habe ich viel mehr Bestätigung bekommen.«

Auch Christian Staas, der heute als Journalist arbeitet, kennt

diese Zweifel: »Ich schwankte immer zwischen Zweifel und Begeisterung. Es gab Phasen, da dachte ich, es ist etwas ganz Tolles, was ich mache. Aber dann habe ich im Vergleich mit anderen Autoren gemerkt, es ist doch noch nicht so gut.«

Vielleicht fragst du dich trotz all der Tipps in den ersten Kapiteln, ob man Schreiben wirklich lernen kann oder ob man nicht jede Menge Talent dafür mitbringen muss. Sprachgefühl und Ideen sind natürlich wichtig, aber mindestens genauso wichtig ist, dass du oft und gerne schreibst, denn nicht nur im Sport macht das Training viel aus. Mit jedem Text wirst du ein kleines Stückchen besser. Es kann ja sein, dass einer deiner Klassenkameraden so viel Begabung zum Schreiben hat, dass er den Literaturnobelpreis gewinnen könnte – aber wenn er nicht mal eine Kurzgeschichte zu Papier bringt, dann hilft ihm das auch nichts. Ein Talent wird ja auch nicht voll ausgewachsen geboren, sondern man muss es entwickeln. Das macht man, indem man kritisch mit sich selbst ist und ganz bewusst versucht, besser zu werden.

Mit der Frage »Habe ich Talent?«, quälen sich übrigens auch viele erwachsene Autoren herum, weil es keine wirklich gute Methode gibt, eine Antwort zu finden. Wenn andere Leute deine Texte toll finden und die Verleger vor deiner Tür Schlange stehen, ist das natürlich ein guter Anhaltspunkt. Aber die Literaturgeschichte ist voll von verkannten Genies, an die niemand glaubte und die erst viel später entdeckt wurden. Man sollte sich die Frage nach seiner Begabung erst stellen, wenn man wirklich vorhat, das Schreiben zu seinem Beruf zu machen. Solange es nur ein Hobby ist, ist das Wichtigste, dass es dir Spaß macht.

Hilfe, ich habe eine Schreibhemmung!

Gratuliere, mit diesem Problem bist du in bester Gesellschaft – fast jeder Autor hat irgendwann mal verzweifelt vor Tastatur oder Schreibblock gehockt und sich gefragt, warum die Wörter auf einmal nicht mehr sprudeln. Gründe dafür können zum Beispiel sein, dass du zu hohe Ansprüche an dich stellst. So geht es der Autorin Katrin Stehle (*Jule Windsbraut, Tims Briefe*) zuweilen: »Ich kann gar nicht schreiben, wenn ich das Gefühl habe, ich muss jetzt gut schreiben, es muss ganz genial werden. Dann kommt nichts raus. Oder wenn ich gerade sehr, sehr in Gefühlen gefangen bin, dann kann ich auch keine Geschichten schreiben, dann wird der Text ziemlich übel.«

Erwarte nicht von dir, dass du auf Anhieb schreiben kannst wie Klaus Kordon oder die Stars der Literatur – von Hemingway bis Franz Kafka –, die ihr in der Schule vorgesetzt bekommt. Alle diese Autoren sind keineswegs aus dem Nichts gekommen, sie haben eine jahrelange »Lehrzeit« hinter sich. Vergleich dich nicht mit Goethe, sondern mit anderen Autoren deines Alters!

Ein anderer Grund für einen »Writer's block«, wie die Amerikaner es nennen, kann sein, dass du dich schon zu sehr nach außen orientierst, dass du denkst, andere würden von dir erwarten, dass du so und so schreibst. Vielleicht hast du happige Kritik einstecken müssen? Oder vielleicht schielst du ja auch schon auf den Buchmarkt? Konzentriere dich darauf, dass du zum Spaß schreibst und du einfach nur das schreibst, was du willst. Du brauchst es ja nicht mal jemandem zu zeigen, wenn du nicht willst.

Eine Schreibhemmung kann aber auch entstehen, wenn deine

Geschichte irgendein Problem hat, zum Beispiel dass die Handlung in eine Sackgasse läuft und du eigentlich noch nicht so recht weißt, wie es weitergehen soll. Vielleicht kommt die Spannung nicht so richtig rüber und die Geschichte ist eigentlich doch nicht wirklich das, was du schreiben willst. Dein Unterbewusstsein merkt, dass der Text sich in die falsche Richtung bewegt, schreit Alarm und betätigt sozusagen die Notbremse. »Das kommt ganz oft vor und ist ein Zeichen dafür, dass etwas mit der Idee noch nicht stimmt. Es ist wie ein Knoten, der gelöst werden muss«, meint die Kinderbuchautorin und Journalistin Regina Rusch (*Johanna, wir sind stark, Die Schatten vom Galgenberg, Ferien mit Rückenwind*). Da hilft eine Brainstorming-Sitzung, in der du allein oder mit anderen verrückte Ideen entwickelst, wie es mit deiner Geschichte weitergehen könnte. Oder du solltest deinen Text mal genau unter die Lupe nehmen und auf deine innere Stimme hören, die dir sagt, wie du ihn umschreiben solltest. Auch sich mal die Meinung zu dem Problem anderer dazu anzuhören, kann nützlich sein. Beim Fantasy-Autor Bjørn Jagnow war es eine Übergangsphase, die ihn blockierte: »Ich habe über ein Jahr gegen eine vermeintliche Schreibhemmung gekämpft. Irgendwann habe ich erkannt, dass ich nicht mehr so schreiben wollte wie bisher, sondern neue Methoden ausprobieren sollte. Die Schreibhemmung war also keine ›Krankheit‹, sondern schlicht Widerwillen.«
Wenn es einfach dieses grässlich leere weiße Blatt ist, das dich frustriert – dafür gibt es Abhilfe. Probier's doch mal damit:

TRAINING

- Schreib einfach, was dir ganz spontan einfällt, auch wenn es keinen Sinn ergibt. Ein Wort gibt das Nächste. Nach ein paar Minuten bist du viel lockerer, wetten?

- So ähnlich kannst du auch an deiner Geschichte weiterarbeiten: Schreib, was dir in den Kopf kommt – auch wenn es der größte Mist ist. Kontrolliere dich nicht, denk nicht zu viel nach. Überarbeiten kannst du später immer noch, und wenn es gar nichts taugt, streichst du es eben wieder.

- Wenn du Geschichten schreibst, versuch es doch mal mit einem Gedicht, einem Artikel für die Schülerzeitung oder einer Satire. Wenn du Gedichte schreibst, wieso schreibst du nicht mal stattdessen eine Kurzgeschichte oder ein Essay?

- Tausch dich mit Leuten, die auch schreiben, über das Problem aus.

- Versuch mal, in einer anderen Umgebung, mit einem anderen Schreibgerät (vom Füller zum Computer, vom Computer zur Schreibmaschine) oder zu anderen Uhrzeiten zu arbeiten.

- Nimm dir Zeit für dein Projekt. Setze dich wirklich an den Schreibtisch oder dorthin, wo du am liebsten schreibst, lies alte Textteile noch mal, konzentriere dich ganz auf dein Projekt, bis du wieder »drin« bist. Es ist wichtig, am Ball zu bleiben, auch wenn es mal nicht so gut läuft.

Ich schaffe es einfach nicht,
meine Texte fertig zu schreiben!

»Ich habe als Jugendliche sehr wenige Texte fertig geschrieben, besonders die Selbsterfahrungs-Geschichten«, erzählt Edith Wiegel von der Autorengruppe »Seitenspinner«. »Viele Projekte habe ich angefangen und dann halb fertig liegen lassen. Kurzgeschichten habe ich zwar oft in einem Rutsch fertig geschrieben, aber ich hatte dann keine Lust mehr, noch mal dranzugehen und sie zu überarbeiten.« So ging es auch Marie-Luise Kunst: »Ich habe immer Geschichten angefangen, aber dann habe ich sie noch mal gelesen und wieder von vorne begonnen. Obwohl ich stundenlang über dem Papier gesessen habe, habe ich als Jugendliche kaum etwas fertig geschrieben – ich war 17, als ich das zum ersten Mal bei einer Kurzgeschichte geschafft habe. Es kann sein, dass das daran lag, dass ich mich so stark verändert habe in dieser Phase.«

Dass man vieles nicht fertig schreibt ist in der Pubertät ganz normal. Manchmal sprudelt man so vor Ideen über, dass man kaum ein paar Absätze oder Seiten der ersten Geschichte zu Papier gebracht hat, wenn die nächsten Ideen schon nachdrängen. Dann verliert man an dem alten Text das Interesse, um sich dem nächsten zuzuwenden, der dann wieder von einem anderen überholt wird. Selbst erfahrene Autoren haben manchmal damit zu kämpfen. »Es ist eine große Versuchung, von einer Idee zur nächsten zu springen – wenn das Eine nicht läuft, fängt man das Nächste an. Da muss man immer abwägen, welche Zweifel berechtigt sind und welche nicht«, meint die Autorin Cornelia Funke. »Ich glaube, man muss

sich zwingen, regelmäßig an einem Text zu arbeiten. Sonst passiert das ganz schnell, dass man sich sagt: Oh, mir fällt nichts ein.«

Bevor du das Wort ENDE unter deinen ersten Roman oder die erste längere Erzählung setzen kannst, wirst du wahrscheinlich eine ganze Reihe von unfertigen Texten in der Schublade haben. Wenn man als Schriftsteller noch am Anfang steht, experimentiert man ja auch viel herum, bis man seinen Stil gefunden hat, und verwirft viele Ideen und Versuche. Heb diese Sachen auf! Manche dieser Textfragmente kannst du später »recyclen«, also damals verwendete Personen, Beschreibungen und Ideen in späteren und besseren Storys oder Gedichten einsetzen. Außerdem ist es sehr interessant, sich diese Texte ein paar Jahre später noch mal anzusehen.

Es kann natürlich sein, dass du dich zu einem Meister oder einer Meisterin der kurzen Form entwickelst. So wie es Sprinter und Langstreckenläufer gibt, aber selten jemand beides gut kann, finden sich in der Literatur Schriftsteller, die hervorragende Kurzgeschichten schreiben und damit berühmt geworden sind, aber nie einen Roman in Angriff genommen haben, weil ihnen das einfach nicht liegt. Andere Autoren produzieren ohne erkennbare Mühe Tausend-Seiten-Wälzer à la *Herr der Ringe*, sind aber mit der Momentaufnahme, wie man sie in Kurzgeschichten findet, überfordert. Mit der Zeit wirst du merken, ob du den »langen Atem«, den man für einen Roman braucht, noch entwickelst, oder ob du tatsächlich bei Kurzgeschichten oder Gedichten bleiben willst. Da Verlage das Thema »unfertige Manuskripte« kennen, schließen sie Verträge übrigens nur für fertige Romane ab – im Gegensatz zum

Sachbuch, wo man nur eine Idee und ein Probekapitel verkauft.

Ich habe so wenig Zeit zum Schreiben!

Wenn du das Gefühl hast, dass du nicht genug Zeit zum Schreiben hast, dann notiere doch einfach mal eine Woche lang, was du während deiner Freistunden in der Schule und nach der Schule so machst. »Tja, da war ich im Kino oder mit Freunden weg oder hab Musik gehört. Und an diesem Abend hätte ich eigentlich Zeit gehabt, aber da kam die Wiederholung von Jurassic Park im Fernsehen ...« Vielleicht kannst du doch auf das eine oder andere verzichten, wenn dir das Schreiben wirklich wichtig ist. Wenn nicht, dann weißt du wenigstens, woran du bist.

Reservier dir doch einfach einen bestimmten Nachmittag oder Abend als Schreibzeit, schließlich gehst du auch einmal die Woche zum Judotraining oder zum Gitarrenunterricht. Bei einem Autor oder einer Autorin ist es wie bei Sportlern – das Training macht's. Es ist erst mal nicht ganz so wichtig, was du schreibst, sondern dass du überhaupt dabeibleibst und dich regelmäßig vor den Computer, deine klapprige alte Schreibmaschine oder deinen Block setzt. Auch wenn du jedes Mal nur ein paar Absätze oder eine Seite produzierst! Nicht die Menge ist entscheidend, sondern dass du dir immer wieder dafür Zeit nimmst. Vielleicht ist es bei dir so, dass du nur schreiben kannst, wenn dir danach ist. Das kann sich ändern, wenn du regelmäßig schreibst und lernst, wie man sich gezielt in diese Stimmung versetzt – mit Hilfe von Musik zum Beispiel, oder indem du Texte von dir noch mal durchliest.

Ein Tipp: Schau nicht zu sehr in die Zukunft. Wenn du dir ausmalst, was für eine Arbeit es wird, dieses Ding zu schreiben, und wie viele Monate es dauern wird, dann knickst du wahrscheinlich ein. Setz dir ein erreichbares Ziel, zum Beispiel jeden Tag eine Seite zu schreiben. Du wirst verblüfft und total stolz sein, wenn du dann plötzlich fertig bist und vor dir der Roman liegt, den du geschrieben hast!

Wenn es dir zu langweilig ist, immer allein daheim zu hocken, wenn du an deinen Gedichten oder Storys arbeitest, dann probier doch mal, im Café oder im Park zu schreiben. Kennst du andere Leute, die sich dem gleichen Wahnsinn verschrieben haben, der sich Literatur nennt, dann ist es sogar noch einfacher. Ihr könnt »Sessions« abhalten, euch ein Thema vorgeben, in einer halben Stunde auf dem Papier was zusammenfantasieren und es euch gegenseitig vorlesen. Dann bekommst du gleichzeitig Feedback.

Wo lerne ich Leute kennen, die auch schreiben?
Nein, du bist garantiert nicht die Einzige an deiner Schule, die so ein »komisches Hobby« hat, auch wenn natürlich wesentlich mehr Leute in ihrer Freizeit zu Inline Skates und Mountainbikes greifen statt zum Füller. Wahrscheinlich gibt es sogar in deiner Klasse jemanden, der auch viel liest und Gedichte in der Schublade hat. Vielleicht traut er sich nur nicht, darüber zu sprechen, und hält es lieber geheim. Das kannst du natürlich auch machen, aber es ist sehr spannend, mit anderen Texte zu tauschen, sich gegenseitig Tipps zu geben und über Bücher und das Schreiben zu fachsimpeln. »Ich war mit einem Jungen, der auch schrieb, in der Oberstufe. Ich wusste

es von ihm früher als er von mir, weil er schon ein paar Sachen im Selbstverlag veröffentlicht hatte«, erinnert sich der Schriftsteller Andy Green, der z. B. das Buch zum Film »The Sixth Sense« geschrieben hat. »Irgendwie sind wir ins Gespräch gekommen und darüber hat sich eine Freundschaft entwickelt. Es war einfach wichtig und schön, auch mal übers Schreiben zu sprechen und sich auszutauschen, ein Wir-Gefühl zu entwickeln. Das kannte ich vorher gar nicht, weil ich immer der Einzige in meinem Dorf gewesen war, der sich überhaupt für solche Dinge interessiert hatte.«

Für Katharina Bauer, die schon mit acht Jahren anfing, Gedichte zu schreiben, war der Wettbewerb »Treffen junger Autoren« eine Möglichkeit, aus dem stillen Kämmerlein auszubrechen: »In der Schule hatte ich keine Gegenleser. Beim Treffen junger Autoren habe ich dann einige Leute kennen gelernt, mit denen ich Texte per Brief austauschen konnte.« Später baute sie die Schülerzeitung *Goethes Fäustchen* mit auf und schrieb viele Artikel dafür. Bei der Schülerzeitung engagierte sich auch Claudius Blume, doch zu seiner Autorengruppe fand er durch eine Lesung in der »Romanfabrik« in Frankfurt: »An dem Abend durfte jeder Autor höchstens zehn Minuten lang auf der Bühne seine Texte vortragen, und dieses Limit hat keiner eingehalten. Ich bin dann später herumgegangen und habe mir die Geschichten von den Leuten geholt, um sie fertig zu lesen. Dabei bin ich mit zwei Leuten aus dem Schriftstellerkreis Frankfurt ins Gespräch gekommen und die haben mich dann zu ihrem nächsten Treffen eingeladen.«

Wenn du Kontakt zu anderen jungen Autoren suchst, probier's doch einfach mal:

- *Bei der Schülerzeitung*
  Erfahrungsgemäß ist sie ein Sammelbecken all derer, die
  gerne schreiben und vielleicht sogar von einer Zukunft in
  den Medien träumen. Ruf doch einfach mal bei denen an
  und schau mal auf einer Redaktionssitzung vorbei. Da diese
  Zeitungsmacher außerdem immer Schreiber, Layouter und
  Anzeigenverkäufer suchen, die mitarbeiten, werden sie
  wahrscheinlich gleich versuchen, dich anzuwerben.

- *Frag mal deinen Deutschlehrer.*
  Oft kommt es vor, dass man jahrelang auf dem Pausen-
  hof an jemandem vorbeiläuft, der ebenfalls Texte in der
  Schublade hat. Deutschlehrer wissen vielleicht wer von
  ihren Schülern sich fürs Schreiben interessiert.

- *Aushang am schwarzen Brett*
  Brauchst du gar nicht mal unter deinem Namen zu machen, Telefonnummer oder E-Mail-Adresse angeben genügt. Oder – noch spannender – wer interessiert ist, soll an
  einem besonderen Ort wie einer Mauerritze etc. einen
  Zettel mit einer Botschaft verstecken. Sei darauf vorbereitet, dass du mehrmals einen Aushang machen musst, bis
  sich jemand meldet. Nur wenige trauen sich auf Anhieb.

- *Kleinanzeige in der Stadtzeitung*
  Das geht in Blättern mit Kleinanzeigen oft sogar kostenlos, man muss nur einen der Coupons in diesen Zeitungen
  ausschneiden und ausgefüllt einschicken. In richtigen
  Stadtmagazinen kann es etwa 5 – 15 € kosten. Vergiss nicht,
  deine Anzeige so zu gestalten, dass sie neugierig macht,

und gib die Altersgruppe, die du dir vorstellst, mit an! Auch hier wirst du einen langen Atem brauchen und wahrscheinlich mehrmals inserieren müssen.

- *Über Wettbewerbe und Workshops*
  Fast das Beste an Wettbewerben wie »Schüler schreiben« und »Treffen junger Autoren« ist, dass man viele Leute kennen lernt: Andere Jugendliche, die das gleiche Hobby haben wie du, und Profis aus der Medien- und Verlagswelt. Schick doch einfach mal ein paar Texte ein und schau, was passiert! Auch Seminare und Workshops, ob in der Projektwoche oder außerhalb der Schule, sind gute Kontaktbörsen, um andere Autoren kennen zu lernen, und oft ist die Stimmung toll. Adressen von Veranstaltern und Wettbewerben findest du auf Seite 130 ff. und 202 ff.
- *In Autorenverbänden*
  Ja, es gibt ein paar, in denen man auch als Teenager willkommen ist und deren Beiträge man sich gerade noch leisten kann. Du kannst dich dort engagieren, dir Rat holen, an Treffen teilnehmen. Adressen findest du auf Seite 202 ff.

Soll ich meinen Klassenkameraden sagen, dass ich schreibe?

»Ich habe niemandem Texte gegeben, lange Zeit wusste keiner, dass ich schreibe«, erzählt Claudius. »Bei den Aufsätzen kam es dann raus. Der Wendepunkt war, als wir in Deutsch den *Steppenwolf* gelesen haben und wir die freiwillige Hausaufgabe bekamen, den offenen Schluss zu Ende zu schreiben. Mein Text wurde im Kurs vorgelesen und kam gut weg, er

ist dann in der Schülerzeitung veröffentlicht worden. Irgendjemand hatte mir das vorgeschlagen.«

Ist man erst mal als Nachwuchsautor »geoutet«, dann ist es meist die beste Strategie, kein Aufhebens um seine Schreiberei zu machen und es als ganz normales Hobby zu behandeln. Entscheidend für das eigene Image ist nicht das Schreiben – schließlich kann jeder irgendetwas besonders gut, ob es jetzt das Klavier spielen ist oder das Geschichten erzählen – sondern wie man damit umgeht. Die junge Autorin Ingrid Gündisch, die mit zwölf Jahren Kurzgeschichten zu schreiben begann (nicht zuletzt deshalb, weil ihre Mutter Kinder- und Jugendbuchautorin ist und Ingrid sie oft schreibend daheim sitzen sah) entschied sich für Zurückhaltung: »Ich wollte in der Schule meine eigenen Texte nicht präsentieren, ich galt sowieso immer als Deutschexpertin und das hat mir gereicht. Vom Treffen junger Autoren, bei dem ich mehrmals dabei war, habe ich nie viel erzählt, außer wenn mich jemand gefragt hat. Ich hatte das Gefühl, dass das relativ schnell auf Unverständnis gestoßen wäre.«

Doch auch wenn man nicht damit hinter dem Berg halten will, kann man sich oft eine Nische schaffen, in der man so akzeptiert ist, wie man ist. So geht es dem 16-jährigen Martin Kroissenbrunner: »Ich bin in meiner Klasse der Künstlertyp, mit dem man vorsichtig umgehen muss, der sensibel und schöpferisch ist, der bei seiner Kunst aufblüht – das Klischee erfülle ich genau, und damit sind alle recht zufrieden.« Ähnliche Erfahrungen machte Katharina Schlender, die heute an der Hochschule der Künste in Berlin Szenisches Schreiben studiert. »Alle fanden das ganz toll, was ich machte, und sie

haben sich auch immer meine Theaterstücke angeschaut. Sie haben mich ein bisschen für bekloppt gehalten, aber trotzdem akzeptiert. Ich hatte so eine komische Stellung und konnte mir eigentlich alles erlauben.«

Soll ich meinem Deutschlehrer sagen, dass ich schreibe?
Deutschlehrer sind ein Fall für sich. Einerseits haben sie Literatur studiert, sind den Umgang mit Texten gewohnt und können dich nicht nur mit langweiligen Interpretationen quälen, sondern dir auch wertvolle Tipps geben. Das ist besonders praktisch, wenn du niemanden in deinem Alter kennst, der auch schreibt. Aber du musst sorgfältig entscheiden, bei welchen deiner Lehrer du dich »outest«. Im besten Fall ist er oder sie begeistert und wird vielleicht für dich so eine Art von Mentor. So war es zum Beispiel bei der Autorin und Journalistin Katja Brandis: »Eine Deutschlehrerin, die ich ziemlich früh hatte, hat sich immer sehr dafür interessiert, was ich so schreibe. Die fand das ganz klasse und ich habe sie immer auf dem Laufenden gehalten oder um Rat gefragt, auch als ich in der Oberstufe längst jemand anders in Deutsch hatte. Ich habe sie dann auch später, als ich schon was veröffentlicht hatte, zu einer meiner Lesungen eingeladen und sie hat sich sehr gefreut.«
Aber nicht alle Deutschlehrer sind offen für Schüler, die gerne eigene Texte schreiben. Ihr Universum besteht manchmal vor allem aus Klassikern der Literatur. »Mein Deutschlehrer hat das nicht gewusst, dass ich auch daheim schreibe, obwohl er mich manchmal für meine Aufsätze gelobt hat«, erzählt Edith Wiegel. »Ich hatte Angst, dass er sagt, ›Was ist *das* denn?‹ In

meinen Geschichten ging es ja um erste Liebe, Küsse und so weiter.«

Im schlechtesten Fall kann es passieren, dass du eine »Schere im Kopf« entwickelst: Wenn du etwas schreibst, denkst du an die Reaktion deines Lehrers, der dies und das vielleicht nicht gut findet und der diese oder jene Regel aufgestellt hat. *Schnipp*, die Idee fällt der Schere zum Opfer. Fast ohne dass du es merkst hemmst du dich selbst und bist nicht mehr offen für Experimente. Also vergiss deinen Lehrer ruhig, sobald du aus der Tür des Klassenzimmers gegangen bist, und schreib so ausgeflippt wie du magst. Wenn du mit deinem Stil und deinen Themen im Unterricht aneckst, bedeutet das nicht automatisch, dass sie nichts taugen. Diese Erfahrung machte zum Beispiel Uwe Timm, heute ein berühmter Autor. Er fing mit zwölf Jahren an, seinen ersten Roman zu schreiben. »Auch meine Aufsätze damals waren von einer inbrünstigen Länge, die quollen über, so viele Geschichten enthielten sie. Mein Deutschlehrer fand das gar nicht gut, der machte das nur lächerlich«, erzählt Timm, der heute gerade wegen dieser vielen kleinen Nebengeschichten in seinen Romanen beliebt ist. »Ich habe den Typen, weil ich ihn auch sehr gehasst habe und er mich sehr gequält hat, nie wieder gesehen. Aber ich weiß von anderen, dass er Besprechungen meiner Bücher sammelt. Das Makabere ist, dass er sicherlich ganz stolz ist, dass er diese Schriftstellerkarriere ausgelöst hat ...«

Nicht wenige Deutschlehrer haben selbst Texte in der Schublade. Christian Staas machte damit gute Erfahrungen: »Da ich ab und zu Kurzgeschichten in der Schülerzeitung veröffentlicht hatte, wusste meine Deutschlehrerin von mir, dass ich

schreibe. Ich habe ihr dann mal Texte von mir gegeben, für mich war das eine wichtige Rückmeldung. Es lief aber auch in die andere Richtung – sie hat selbst geschrieben und mir auch ab und zu Sachen von sich gezeigt!«

Es ist aber auch schon vorgekommen, dass sich so eine Art Konkurrenz zwischen dem Lehrer und Nachwuchsautor entwickelt, wenn beide schreiben. Gib dir also ein paar Wochen Zeit, um zu entscheiden, ob du deiner Lehrerin genug vertraust, um ihr mal einen Text von dir zu geben. Achtung: Je mehr Leuten du erzählst, dass du auch privat schreibst, desto stärker wird der Leistungsdruck im Deutschunterricht. Du bist schließlich Autor oder Autorin und musst natürlich besonders gut sein, Ehrensache! Dieser Druck, dich zu beweisen, kann dich zwar anspornen, kann aber auch ganz schön nervig werden.

Meine Eltern versuchen mich vom Schreiben abzubringen – was soll ich tun?

»Ich will für die Bühne schreiben oder Schauspieler werden«, meint der 16-jährige Martin Kroissenbrunner aus Graz. »Meine Eltern machen sich deswegen die größten Sorgen, weil das ja nicht gerade die sichersten Berufe sind. Sie wollen, dass ich vorher noch etwas mit Menschen mache, Hotelfach zum Beispiel.« Ähnliche Kämpfe hatte auch die junge Theaterstück-Autorin Katharina Schlender auszufechten: »In der Schulzeit fanden meine Eltern das o. k., aber als ich gesagt habe, ich will jetzt Szenisches Schreiben studieren, da waren sie ziemlich besorgt. Meine Mutter hat das immer unterstützt, mein Vater nicht so. Als die ersten Ho-

norare und Preise eintrafen, hat er es dann aber langsam akzeptiert.«

Wahrscheinlich geht es den meisten Eltern so, sie haben das Bild vom »armen Poeten« im Kopf und wollen nicht, dass du eine »brotlose Kunst« aussuchst. In diesem Fall solltest du betonen, dass du das Schreiben ja nur als kreatives Hobby betrachtest und unbedingt eine Banklehre machen oder Betriebswirtschaftslehre studieren willst. Das hat meist eine sofortige beruhigende Wirkung und du hast etwa bis zu deinem 18. Lebensjahr Ruhe. Was du danach machst, entscheidest sowieso du selbst. Natürlich kann es nichts schaden, wenn du dann schon erste Erfolge vorweisen kannst. Möglicherweise hast du das Schreiben bis dahin auch aufgegeben – das kommt bei jungen Autoren leider häufig vor.

Möglicherweise stammen die Probleme auch daher, dass deine Eltern keinen Bezug zu Texten haben und sich in eurem Haushalt nicht allzu viele Bücher finden. Oder sie lesen ganz andere Sachen, als du schreibst, und können mit deinen Texten absolut nichts anfangen. Das ist erst mal schwer zu schlucken, bedeutet aber nicht, dass du kein Talent hast oder dich nicht zu einem guten Autor oder einer Autorin entwickeln kannst. Diese Erfahrung machte jedenfalls Katrin Stehle: »Mit 17 habe ich versucht, einen Roman zu schreiben. Ein paar Stellen habe ich auch meinen Eltern vorgelesen. Die Handlung wurde oft unterbrochen von irgendwelchen ausschweifenden philosophischen Betrachtungen über die Blätter am Baum oder über die Liebe und so weiter. Das war bei mir ziemlich extrem. Meine Eltern waren so lauwarm-skeptisch. Danach war ich von meiner Arbeit nicht mehr so überzeugt.«

Auch bei ihren Lehrern (die nicht wussten, dass sie schrieb) fand sie nicht viel Rückhalt, in der Realschule sollte sie sogar in Deutschnachhilfe gesteckt werden. Doch ihre Mutter protestierte und so blieb es Katrin erspart.

Versuche beim Schreiben deinen eigenen Weg zu gehen, auch wenn Lehrer und Eltern vielleicht nicht so begeistert von deinen Texten sind. Am besten ist, du baust dir einen Freundeskreis von anderen Leuten auf, die ebenfalls gerne Geschichten oder Gedichte verfassen.

Wenn dich der Schreibvirus wirklich gepackt hat, dann kann es sein, dass deine Eltern zwar stolz auf dich sind, sich aber darüber beschweren, dass du um Mitternacht noch vor dem Computer sitzt und dich zum Stubenhocker entwickelst. Zum Glück gibt es auch andere Orte als dein Zimmer, an denen man schreiben kann. Schnapp dir ein Schreibheft und setz dich ins Café, in den Park, in die Bibliothek oder in eine ruhige Ecke in der Schule. Vielleicht wirkt diese Umgebung ja inspirierend …? Falls du meist mit Computer gearbeitet hast, wird es dir wahrscheinlich nicht leicht fallen, auf ein anderes Schreibmedium umzusteigen, aber das ist eine Gewöhnungsfrage. Nach ein paar Tagen Übung hat man sich meist umgestellt.

Darf ich Geschichten, die es schon gibt, weiterschreiben?

Wahrscheinlich hast du ein Lieblingsbuch oder einen Lieblingsfilm, dessen Figuren du besonders magst. Vielleicht würdest du am liebsten die Episode 10 zu Star Wars schreiben oder die Figuren aus *Gute Zeiten, Schlechte Zeiten* in einer Geschichte auftauchen lassen. Mach nur – das ist genauso

normal wie am Anfang im Stil seines Lieblingsautors zu schreiben. Wenn du so etwas allerdings veröffentlichen willst, geht das nur mit Zustimmung des Menschen, der das Buch bzw. Drehbuch ursprünglich geschrieben hat, und seines Verlages. Es sind ja immer noch seine Erfindungen, du leihst sie dir nur aus!

Ohne Genehmigung erlaubt ist dagegen, wenn du in einer Satire die Figuren und Handlung anderer witzig verzerrt benutzen willst. Du kannst dich auch von irgendeinem Buch oder Film inspirieren lassen und daraus dein ganz eigenes Projekt entwickeln. So machte es zum Beispiel Bettina Hübner: »Ich habe immer viel gelesen und mir oft Vorbilder genommen«, sagt sie. »Zum Beispiel habe ich einen Vampir von Anne Rice in einem Gedicht verwendet. Das war aber eine ganz andere Ebene, ich habe weniger die Figur übernommen als ein Bild und die Atmosphäre.«

Manchmal zeigen sich in den eigenen Texten aber auch Einflüsse anderer Bücher, obwohl man es gar nicht gemerkt und nicht mit Absicht getan hat. Dagegen lässt sich wenig tun, weil man in seinem Leben so viele Bücher liest, Filme sieht oder Geschichten hört, dass man laufend irgendwelche Anspielungen auf Werke macht, die es schon gibt.

Du kannst Geschichten, die bereits zum Kulturgut gehören, frei verwenden. In der Bibel und in der Mythologie wimmelt es nur so von Geschichten, die sich immer wieder neu und anders erzählen lassen. John Steinbeck hat zum Beispiel in »Jenseits von Eden« das alte Thema von Kain und Abel aufgenommen und es ins Amerika des frühen 20. Jahrhunderts verlegt. Auch das Faust-»Motiv«, die Geschichte vom Menschen,

der einen Pakt mit dem Teufel eingeht, findet sich in der Literatur immer wieder. Goethe ist längst nicht der Einzige, der es aufgegriffen hat. Wie man sich kreativ bei Volksmärchen bedient, hat Janosch gezeigt, indem er fünfzig Märchen nacherzählt hat – und zwar ziemlich schräg. Der Held der Geschichte »Der Froschkönig« ist zum Beispiel ein schöner grüner Frosch, dem seine goldene Luftkugel verloren geht. Ein hässliches Mädchen bietet ihm an, sie ihm zurückzuholen, und wird dann ziemlich aufdringlich. Du kannst dir bestimmt denken, wie es weitergeht und wer von beiden dann an die Wand geklatscht wird …

Das Einzige, was du nicht tun solltest, weil es riesigen Ärger geben würde, ist, wortwörtlich von jemand anders abzuschreiben und es dann als eigenen Text auszugeben. Plagiat ist der Fachbegriff dafür. Wenn du Sätze von jemand anders in dein Werk aufnehmen willst, dann musst du ihn »zitieren«, d. h. den Satz in Anführungszeichen setzen und dazuschreiben, von wem und aus welchem Werk er ist. Oder seine Worte in indirekte Rede wiederholen und dazuschreiben, wer das geschrieben hat.

Wenn dich diese ganzen Bestimmungen nerven, dann brauchst du bloß daran zu denken, dass auch deine eigenen Texte von diesem Gesetz geschützt werden – niemand darf dir das »klauen«, was du geschrieben hast. Dazu brauchst du kein Copyright beantragen und den Text auch nicht zu veröffentlichen, dein Urheberrecht entsteht automatisch in dem Moment, in dem du den Text schreibst.

Jemand hat mir meine Idee geklaut!

Es kommt nicht sehr oft vor, dass von erzählenden Autoren »geklaut« wird. Das liegt daran, dass es bei einem literarischen Text stark auf die Sprache ankommt: Man könnte ihn quasi nur als Ganzes nehmen oder einzelne Sätze nachahmen, aber das klappt selten, ohne dass es unangenehm auffällt. Im Bereich Drehbuch oder Sachbuch hört man dagegen häufiger von solchen Fällen. Dort geht es ja nicht um fertige Texte, sondern es werden Ideen, Themen und Konzepte verkauft. Schützen kannst du dich dagegen kaum, denn Ideen unterliegen nicht dem Urheberrecht, sondern nur das Werk, der eigentliche Text. Du kannst Klau verhindern, indem du deinen brillanten Einfall nicht gleich begeistert jedem erzählst, ins Internet stellst oder tausend Verlagen anbietest, sondern ganz gezielt einigen wenigen, denen du einen Vertrauensvorschuss gibst oder die du irgendwoher schon kennst.

Noch viel öfter als zu echtem geistigem Diebstahl kommt es zu Überschneidungen bei Texten, die sich zufällig ergeben. Erfindungen und Entdeckungen werden oft innerhalb von sehr kurzer Zeit von mehreren Leuten gleichzeitig gemacht. Auch im Literaturbetrieb liegen manche Themen einfach »in der Luft« bzw. im Trend und werden von mehr als einem aufgegriffen und verarbeitet. Sabine E., 16, erzählt: »Nachdem ich ein Manuskript eingeschickt hatte, wurde ein Lektor auf mich aufmerksam und fragte mich, ob ich Lust hätte, ein Jugendbuch zum Thema Computer zu schreiben. Ich sollte ihm erst einmal ein Exposé liefern. Damals wusste ich noch nicht genau, was das ist, und schrieb einfach drauflos, weil mich

das Thema inspirierte. Ein paar Monate später schickte ich ihm ein komplettes Manuskript. Ich erhielt das Ding zurück, aber ein halbes Jahr später kamen im gleichen Verlag ganz ähnliche Bücher heraus. Meine Eltern waren ziemlich empört, weil wir dachten, der Lektor hätte von mir geklaut. Aber dann stellte sich heraus, dass der Lektor ziemlich zeitgleich mit meiner Einsendung einige Bücher mit Computerthema als Lizenz aus Amerika gekauft hatte.«

Ich habe das Gefühl, dass man mich übers Ohr haut!
Überall dort, wo wie im Literaturbetrieb große Hoffnungen im Spiel sind, versuchen Leute damit das schnelle Geld zu machen. Es gibt überteuerte Kurse, unseriöse Agenten und Verlage, die sich ihr Geld vom Autor statt vom Buchkäufer holen – und alle sind blendend im Geschäft. Sei vorsichtig, wenn man Geld von dir will, noch bevor eine Leistung erbracht oder ein Erfolg erzielt worden ist, oder wenn dir der gesunde Menschenverstand sagt, dass du für manche Dinge kein Geld *zahlen*, sondern *bekommen* solltest. Auf der sicheren Seite bist du, wenn du erst mal nichts unterschreibst (du brauchst ja ohnehin das Einverständnis deiner Eltern, um einen gültigen Vertrag abzuschließen).

Wenn du das Gefühl hast, dass du dich gerade bös in eine Ecke manövrierst, dann solltest du dich auf jeden Fall an deine Eltern wenden, so unangenehm das sein kann. Die können dir zwar nicht immer so gut helfen, weil sie vielleicht selbst wenig von der Buchwelt verstehen, aber zumindest werden sie von deinem Ansprechpartner auf der anderen Seite ernster genommen. Außerdem fallen sie dann nicht aus

allen Wolken, wenn es spürbaren Ärger gibt. Wenn ihr einen Anwalt braucht, dann achtet darauf, dass es jemand ist, der sich auf das Thema Verlags-, Urheber- bzw. Medienrecht spezialisiert hat. Denn jemand, der sich wunderbar im Straf- oder Familienrecht auskennt, aber noch nie das Wort »Copyright« gehört hat, wird euch nicht besonders gut weiterhelfen können.

Auch seriöse, große Verlage gehen nicht immer besonders sanft mit ihren Autoren um. Sie versuchen sie zuweilen auf unzumutbar niedrige Honorare zu drücken und schreiben bedenkliche Klauseln in die Verträge. Noch haariger wird es für den Schriftsteller, wenn ein Verlag in Konkurs geht oder aufgekauft wird. Guten Rat zum Beispiel zu Verlagsverträgen gibt es vom

Bundesverband junger Autoren und Autorinnen e.V. (BVJA)
Postfach 20 03 03
53133 Bonn
E-Mail: heike.prassel@bvja-online.de
www.bvja-online.de

oder den anderen Verbänden, die auf Seite 138 ff. genannt werden.

Ich habe das Gefühl, dass man mich nicht ernst nimmt!
»Ich hatte ein Romanmanuskript an einen Verlag geschickt. Die konnten es zwar nicht verwenden, aber sie fanden den Stil prima und haben mich gefragt, ob ich ihnen ein Sachbuch schreiben könnte«, erzählt die Autorin Katja Brandis. »Klar,

habe ich geantwortet und in meinem Brief auch ein paar Informationen über mich beigelegt. Bisher wusste der Lektor nicht, dass ich erst 15 bin. Na ja, ich habe nie wieder was von denen gehört.« Du hast als Jugendlicher im Verlagsgeschäft immer einen »Kuriositäten-Bonus«. Es kommt vor, dass blutjunge Autoren gefeiert werden, gerade weil sie in diesem Alter schon ein Buch veröffentlicht oder einen Literaturpreis gewonnen haben. Da es jedoch ebenso häufig vorkommt, dass schreibende Jugendliche unabhängig von ihrem Talent nicht ernst genommen werden, solltest du es dir gut überlegen, ob du den »Kuriositäten-Bonus« nutzt. Du brauchst dein Alter nicht anzugeben, wenn du ein Manuskript verschickst. Nur wenn es irgendeine Altersbegrenzung bei einem Wettbewerb gibt, musst du dein Geburtsdatum dazu schreiben, sonst ist das ganz allein deine Angelegenheit.

Natürlich könnte man versuchen, auf Teufel komm raus schon mit 13 seinen ersten Roman zu veröffentlichen, damit man ins Guinness Buch der Rekorde oder wenigstens in die Lokalzeitung kommt. Aber meist ist es besser, wenn man seinem Talent etwas Zeit lässt, sich zu entwickeln und seinen Text erst ein bisschen ruhen lässt und überarbeitet, anstatt ihn wegzuschicken, wenn die Tinte kaum trocken ist.

8. Die Texte sind fertig – was tun damit?

Die meisten Autoren möchten gelesen werden. Selbst wenn man es nicht auf Ruhm und Ehre abgesehen hat, so ist es doch irgendwie traurig, wenn die Schublade immer voller wird und kaum jemand die eigenen Texte kennt. Du brauchst nie etwas zu veröffentlichen, fühle dich also nicht dazu gedrängt. Wenn du aber wirklich mit deinen Geschichten oder Gedichten an die Öffentlichkeit treten willst, dann gibt es ein paar Dinge, die du beachten solltest:

• Wenn du noch Zweifel hast, ob deine Texte gut genug sind, gib dir besser noch ein bisschen Zeit, um daran zu arbeiten.

• Versuche nicht, alles zu veröffentlichen, was du geschrieben hast. Vieles ist besser auch in der Schublade aufgehoben, ist nur Übung. »Man produziert viel interessanten

165

Rohstoff«, sagt der erfahrene Schreibpädagoge und Autor Jürgen vom Scheidt dazu. »Das ist wie beim Klavierspielen. Ein Pianist macht seine Übungen, spielt seine Stücke und improvisiert, und dann gibt er ab und zu ein Konzert und spielt eine CD ein.«

- Schick nicht gleich die erste Version los. Lass den Text eine Weile liegen, damit du ihn mit etwas Abstand siehst, und überarbeite ihn, bis du das Gefühl hast, dass er ausgereift ist. Frage andere Leute nach ihrer Meinung darüber.
- Biete deine Texte nach der Faustregel *Erst in der Stadt, dann in der Region, dann bundesweit* an. In seiner eigenen Gegend, zum Beispiel bei einem Literaturpreis, den die Sparkasse in deinem Wohnort ausschreibt, hat man meist die besten Chancen. Einfach darum, weil sich auf kleine, regionale Wettbewerbe immer viel weniger Leute bewerben. Am allerbesten sind deine Chancen natürlich dann, wenn es sich z. B. um einen ganz speziellen Wettbewerb auf der anderen Seite Deutschlands handelt, bei dem gerade dein Text wunderbar dazupasst.

Es ist selten, dass ein Autor auf Anhieb ein Buch herausbringen kann. Auch bei Katrin Stehle, deren preisgekröntes erstes Buch *Jule Windsbraut* 1999 veröffentlicht wurde, klappte es nicht gleich: »In der Buchhandlung, in die ich immer gegangen bin, kannten sie mich schon ziemlich gut. Eine Frau dort war die erste Fremde, der ich einen Text von mir gezeigt habe. Die fand das ganz toll und hat das Manuskript an zwei Verlage geschickt. Sie haben zwar abgelehnt, aber das zweite Schreiben war sehr hilfreich, sie haben mir Sachen gesagt, wo

sie meinen, dass es hakt. Bei den anderen wusste ich aber, dass sie es gar nicht gelesen haben.«

Meist führt der Weg über Veröffentlichungen in Zeitschriften, Wettbewerbe, Stipendien und Workshops. Vielleicht wird ja jemand auf deine Texte aufmerksam und sagt sich: »Moment mal! Der (oder die) kann ja wirklich gut schreiben!« So funktionierte es zum Beispiel bei der Kinderbuchautorin Regina Rusch, die mit zwölf Jahren Geschichten zu schreiben begann und sie ab und zu in der Heimatzeitung (wo es wöchentlich eine Seite für Kinder gab) veröffentlichen durfte. »Es war schon ein schönes Gefühl, das hat mich fasziniert«, meint sie, aber als sie älter wurde, gerieten die ersten Erfolge in Vergessenheit. Der Durchbruch kam viel später: »Auf einem Seminar hatten wir die Aufgabe, aus einer Zeitung etwas herauszusuchen, daraus eine Geschichte zu schreiben und vorzulesen. Bei diesem Seminar war ein Verleger dabei und er sagte mir, er möchte gerne ein Buch mit mir machen. Ich habe zehn Zentimeter über dem Boden geschwebt, alle meine Texte zusammengesucht und in drei Monaten mein erstes Buch geschrieben.« Seither sind schon viele Kinderbücher von ihr erschienen.

In diesem Kapitel findest du nicht nur Tipps, wie man ein Buchmanuskript anbietet, sondern auch Adressen von Zeitschriften, an die du Gedichte oder Geschichten schicken kannst, und Infos über Literaturpreise für junge Autoren. Unter Autoren erzählt man sich meist gegenseitig von guten Chancen bei bestimmten Zeitschriften oder Preisen, von Adressen und Einsendeschlüssen, von Verlagen, die gerade eine bestimmte Art von Buch suchen. Halt also die Ohren offen, wenn du andere schreibende Leute triffst.

Aber erst einmal ein paar Hinweise zum richtigen Einschicken.

Wie sollte mein Manuskript aussehen?

Dein Manuskript ist so etwas wie eine Bewerbung. Es sollte möglichst gepflegt und ordentlich aussehen, auch die Rechtschreibung solltest du natürlich checken oder checken lassen. Handgeschriebenes wird gar nicht erst gelesen: Wenn du keine Schreibmaschine und keinen Computer hast, dann frag einen Kumpel, eine Freundin oder deine Eltern. Entweder jemand leiht dir ein Gerät, oder du kannst sie oder ihn breitschlagen, dass er dir deinen Text eintippt und ausdruckt.

In der ganzen Bücherwelt rechnet man mit Maschinen geschriebenen »Normseiten«. So sollte deine Geschichte aussehen, damit sie dieser Form entspricht:

- Nimm eine gut lesbare 12-oder 14-Punkt-Schrift, also etwa so groß wie in diesem Buch oder etwas größer.
- Benutze weißes Papier und beschreibe es nur auf einer Seite.
- Der Zeilenabstand sollte eineinhalbzeilig sein, sodass auf der Seite gut verteilt 30 Zeilen Text Platz haben. Jede Zeile sollte etwa 60 Anschläge (Buchstaben plus Leerzeichen) lang sein. Das ergibt 1800 Anschläge – genauso viel, wie eine Normseite haben sollte. Lass auf beiden Seiten einen breiten Rand.
- Nummeriere die Seiten durch.
- Jedes Manuskript sollte ein Deckblatt haben, auf den du den Titel, deinen Namen und die Adresse und Telefonnummer schreibst. Wenn du mit Computer arbeitest,

kannst du auf jeder Seite eine kleine Kopfzeile mit deinem Namen und dem Titel des Werkes einfügen. Bei Gedichten brauchst du das alles nicht einzuhalten. Bei ihnen ist die Gestaltung ja auch künstlerisch wichtig. Bei Lyrik solltest du deine Adresse auf jedes Blatt tippen.

Was sollte ich noch beilegen?

Zu jeder Einsendung gehört neben dem Manuskript selbst ein Anschreiben und meist auch eine Kurzbiografie, also Informationen über dich. Der Brief sollte ganz kurz sein – du schreibst einfach, warum du deine Texte gerade an diese Zeitschrift oder an diesen Verlag schickst und dass du sie dem Empfänger gerne zur Veröffentlichung anbieten möchtest. Gib am besten sonst gar keinen Kommentar zu deiner Geschichte oder deinen Gedichten ab. Adressiere den Brief und den Umschlag am besten an eine ganz bestimmte Person, den richtigen Ansprechpartner im Lektorat. In manchen Verlagsverzeichnissen steht dieser Name dabei. Ist das nicht der Fall, dann schreibst du »Sehr geehrte Damen und Herren« – damit macht man eigentlich nie etwas falsch.

Katja Brandis
Straße Nr.
Postleitzahl Stadt
Telefon/Fax.
E-Mail: KatjaBrandis@web.de

EllermannVerlag
Lektorat Jugendbuch
Poppenbütteler Chaussee 53
22397 Hamburg

Ort, Datum

Manuskriptangebot

Sehr geehrte Damen und Herren,

ich möchte Ihnen mein Romanmanuskript mit dem Arbeitstitel »Der Verrat der Feuer-Gilde« zur Veröffentlichung anbieten. Die Zielgruppe sind Jugendliche ab 13 Jahre. Da Sie Ihr Programm in letzter Zeit um Jugendbücher und speziell fantastische Romane erweitert haben, würde es meiner Meinung nach gut in Ihren Verlag passen.

((Hier kannst du, wenn du möchtest, noch ein paar Worte über dich einfügen – dein Alter, in welche Schule du gehst, seit wann du was für Texte schreibst. Dann brauchst du keine Kurzbiografie beizulegen))

Über Ihr Interesse an dem Projekt würde ich mich freuen.

Mit freundlichen Grüßen,

((Unterschrift))
Katja Brandis

Anlage: Manuskript »Der Verrat der Feuer-Gilde«
       Exposé
       Rückporto

Eine Kurzbiografie enthält die wichtigsten Daten zu deinem Leben, inklusive Name und Adresse. Es reicht, wenn du hineinschreibst, in welchem Jahr du geboren worden bist, in welcher Schule bzw. Klasse du jetzt bist, ob du schon etwas veröffentlicht hast (wenn ja, dann zähle es auf), ob du Schreibworkshops oder Seminare besucht hast oder Preise vorweisen kannst. Wenn du allerdings ein Diplomatenkind gewesen bist und schon in fünf Ländern gelebt hast oder wenn du erst seit ein paar Jahren in Deutschland wohnst, weil du aus einer Bürgerkriegsregion geflohen bist, dann schreib das ruhig auch dazu – das macht neugierig. Du kannst dich aber auch dafür entscheiden, all diese Informationen über dich wegzulassen, um vom Verlag als Erwachsener betrachtet und damit sicher auch ernster genommen zu werden.

Wenn du einen Roman anbietest, dann ist es für den Lektor ganz praktisch, wenn du ein Exposé mitschickst, das heißt eine in Gegenwartsform und möglichst spannend geschriebene Inhaltsangabe deines Buches auf ein bis drei Seiten. Dialog gehört in ein Exposé gewöhnlich nicht hinein, dafür aber deine Adresse, die Angabe, wie viele Seiten dein Werk hat, für welche Altersgruppe du es geschrieben hast und zu welchem Genre es gehört (Bilderbuch, Komödie, Krimi, Fantasy, Horror und so weiter). So könnte das Exposé zum Beispiel aussehen:

Es gehört zum guten Ton, Rückporto beizulegen. Du kannst die Briefmarken mit einer Klammer an deinem Anschreiben festmachen oder in einen kleinen Umschlag stecken und beilegen. Viele Verlage bekommen über 1000 unverlangte

Manuskripte im Jahr, die zurückzuschicken geht sonst ganz schön ins Geld. Bei Zeitschriften bekommt man oft nicht mal Antwort, wenn man kein Rückporto oder einen an sich selbst adressierten Umschlag mit Briefmarke beilegt. Das liegt daran, dass die Herausgeber mit sehr wenig Geld auskommen müssen.

Wenn du einen Text losgeschickt hast, beginnt das Warten. Leider dauert es ziemlich lange, bis man von einem Verlag Antwort erhält, meist sogar ein paar Monate. Wenn es schneller geht, ist es entweder ein sehr gutes oder ein sehr schlechtes Zeichen… Manche Manuskripte bleiben für immer in den Tiefen der Verlagswelt verschollen, deshalb solltest du niemals Originale verschicken, nur Kopien. Am leichtesten behält man den Überblick, wenn man sich eine Liste macht, was man wann an wen geschickt hat.

Bei einer Zeitschrift funktioniert es oft so, dass du nicht extra Bescheid bekommst, wenn deine Geschichte angenommen wurde – sie wird einfach abgedruckt, und irgendwann flattert dir dann das Belegexemplar ins Haus.

Wie schaffe ich es, in einer Zeitschrift zu veröffentlichen?

Die erste Adresse für eine kleine Veröffentlichung ist natürlich die Schülerzeitung an deiner Schule. Jede Wette, dass die Redaktion ziemlich scharf darauf ist, brauchbare Texte zu bekommen. Normalerweise haben diese Zeitungen nämlich eher zu wenig Material als zu viel, und sind sehr daran interessiert, neue Autoren zu werben, nicht nur als Artikelschreiber. Sprich die doch einfach mal in der Schule an oder ruf an und unterhalte dich mit denen. Oder schick ihnen eine kleine

Auswahl deiner Sachen zu. Am besten eignen sich natürlich Kurzgeschichten und Gedichte, aber auch Romanauszüge werden manchmal gedruckt. Schülerzeitungen zahlen zwar kein Honorar, aber du hast den Vorteil, dass du auf dem Weg zur Veröffentlichung kaum nervige Hürden überwinden musst und zudem deinen Bekanntheitsgrad an der Schule mit jedem veröffentlichten Text langsam aber stetig steigerst.

Etwas schwieriger ist es, eine Geschichte oder ein Gedicht bei einer Literaturzeitschrift »unterzubringen«. Es gibt Hunderte dieser meist kleinen Magazine, die in atemberaubendem Tempo entstehen und wieder verschwinden. Manche von ihnen sind aufwendig gestaltet, andere sehen Schülerzeitungen zum Verwechseln ähnlich, haben aber eine andere Leserschaft. In diesem Kapitel findest du eine kleine Auswahl von Zeitschriften ganz verschiedener literarischer Stilrichtung. Sie sind für Autoren eine Fundgrube von Informationen. Wenn du dir ein paar bestellst, zu denen deine Texte möglicherweise passen, bekommst du außerdem einen guten Überblick darüber, was andere Autorinnen und Autoren so schreiben und ob deine Sachen schon gut genug sind, um mithalten zu können.

Entscheidest du dich dafür, etwas einzuschicken, dann leg höchstens zehn bis zwanzig Seiten Text oder zehn Gedichte und einen frankierten Rückumschlag für die Antwort bei. Honorar zahlen nur ganz wenige Zeitschriften. Manchmal werden Autoren jedoch in Form von »Tauschwaren« entlohnt, zum Beispiel durch ein Abonnement. Dafür bleiben die Verwertungsrechte an der Geschichte meist komplett bei dir (du kannst die Story also noch mal anderswo veröffentlichen),

während sie bei einer Buchveröffentlichung an den Verlag übergehen.

Leider gibt es nur ganz wenige Zeitschriften, die ausschließlich Texte von jungen Autoren veröffentlichen. Eine davon ist

ätzettera
Berliner Jugendmagazin, bei der Jugendliche erste journalistische Erfahrungen machen können. Im Gegensatz zu einer herkömmlichen Schülerzeitung wird an den Texten gearbeitet und die Aufmachung der Zeitschrift wirkt professionell. Mitarbeiten kann jeder, Texteinsendungen sind erwünscht (zum jeweiligen Thema des Hefts).
Erscheinungsweise/Auflage: 3–4 x im Jahr, 2500 Stück, die an Schulen verteilt werden.
Preis: Kostenlos
Einsendungen: Artikel, Buchtipps, Plattentipps, Interviews, Fotos, Kurzgeschichten/Lyrik.
Adresse: Redaktion ätzettera, c/o ATRIUM Senftenberger Ring 97, 13435 Berlin, Tel. 030/403 82 96–0,
Fax. 030/403 82 96–16
E-Mail: aetzettera@hotmail.com
www.jpberlin.de/aetzettera/index.htm

xyz
»literaturzeitung berliner jugendlicher«
Erscheinungsweise/Auflage: 3 x jährlich, 5000 Stück
Preis: Kostenlos, wird an Schulen verteilt und liegt in Bibliotheken aus
Einsendungen: Berichte, Reportagen, Gedichte

Adresse: LesArt – Berliner Zentrum für Kinder- und Jugendliteratur, Weinmeisterstr. 5,
10178 Berlin, Tel. 0 30/2 82 97 47, Fax. 0 30/2 82 97 69
E-Mail: xyz@lesart.org, www.lesart.org

City Youth
Berliner Magazin, das von Jugendlichen gestaltet wird.
Erscheinungsweise/Auflage: 4 x jährlich, 4000 Stück
Preis: ca. 1 €, die meisten Exemplare werden auf der Straße verkauft
Einsendungen: Artikel über aktuelle Themen, Bildergeschichten, Comics, Gedichte
Adresse: City Youth, c/o Jugendzentrum am Wasserturm, Kopischstr. 7, 10965 Berlin, Tel. 0 30/25 88 31 17

Vielleicht fallen dir in deiner Stadt oder deiner Region noch ein paar auf. Die folgenden Zeitschriften stehen jedem offen:

Betonbruch
Fanzine für Literatur, Kunst und Musik. Lyrik, Prosa, Experimentelles.
Themenhefte: Nein
Erscheinungsweise: 2 x jährlich
Auflage: 300 Stück
Preis: 3 € inkl. Porto
Einsendungen: Maximal eine Seite per E-Mail oder Diskette.
Adresse: Kranke Kunst Verlag, c/o Tim Siebert, Hauptstr. 75, 74206 Bad Wimpfen, Tel. 0 70 63/15 89, Fax. 0 70 63/66 42,
E-Mail: Info@betonbruch.de, www.betonbruch.de

Decision

»Zeitschrift für deutsche und französische Literatur« Prosa
und Lyrik in Deutsch und Fremdsprachen, Themen:
Literatur, Kunst, Musik, Religion. Rezensionen.
Erscheinungsweise/Auflage: 4 x jährlich, 500 Stück
Preis: Kostenlos
Einsendungen: Keine besonderen Vorgaben
Adresse: Stefanie Weh, Postfach 103153, 33531 Bielefeld,
Fax. 0521/170188, E-Mail: shjweh@aol.com

EDIT

»Papier für Neue Texte«. Prosa (Kurzprosa, Erzählungen,
Romanauszüge) und Lyrik.
Erscheinungsweise/Auflage: 3 x jährlich, 1500 Stück
Preis: 4,50 €
Einsendungen: Maximal 10 Normseiten. Bitte keine Manu-
skripte per E-Mail.
Adresse: Literaturverein EDIT e.V., im Haus des Buches,
Gerichtsweg 28, 04103 Leipzig, Tel. & Fax. 0341/9954720,
E-Mail: mail@editonline.de, www.editonline.de

Federwelt

Autorenzeitschrift, die Gedichte, Kurzgeschichten und
Illustrationen veröffentlicht, aber auch Interviews und
Literaturnews enthält. Besonders gesucht werden praktische
Artikel zum Thema Schreiben. Auf der Homepage kann
man den Federwelt-Newsletter bestellen.
Erscheinungsweise/Auflage: 6 x jährlich, 1500 Stück
Preis: 3 € inkl. Porto

Einsendungen: Am liebsten auf Diskette oder als Attachment an einer Mail.
Adresse: Postfach 1049, 31185 Söhlde,
E-Mail: redaktion@federwelt.de, www.federwelt.com

Freibord

»Zeitschrift für Literatur und Kunst«
Erscheinungsweise/Auflage: 4 x jährlich, Auflage unbekannt
Preis: 6,50 €
Einsendungen: Keine besonderen Vorgaben
Adresse: Edition Freibord, Postfach 281, A-1181 Wien,
Tel. 0043/1/4083178

Gedanken-Fontäne

Lyrische Texte, japanische Formen, Aphorismen, Zeichnungen, Collagen. »Keine 2-deutigen Texte«. Themenhefte, z. B. »Zuversicht, Selbstwertgefühl«
Erscheinungsweise/Auflage: 2 x jährlich, ca. 150 Stück
Preis: 3,50 € inkl. Porto
Einsendungen: Bis zu 30 Zeilen pro Gedicht. Vorher nach dem Thema des jeweiligen Hefts fragen!
Adresse: Helene-Margarete Kreisel, Hauptstr. 15,
45527 Hattingen/Ruhr, Tel. 02324/33290

Headline

Breites Spektrum von Blümchenlyrik bis Social Beat, immer zu einem bestimmten Thema. Kurzgeschichten, Lyrik, Essays, Buchtipps, Rezensionen. Auch Szene-Infos und Ausschreibungstermine. Themenhefte z. B. ›Globetrotter‹

Erscheinungsweise/Auflage: 2 x jährlich, 250–1500 Stück
Preis: 7,50 €
Einsendungen: Per Mail als Word-Datei + Kurzvita. Maximal 10 Gedichte oder 3 Storys
Adresse: Alisha Bionda, Avenida America 9/Chalet No. 6, E-07181 Portals Nous, Mallorca, Fax. 0034/971684089, E-Mail: alisha-bionda@alisha-bionda.de, www. alisha-bionda.de

herzGalopp
»Zeitschrift für Poesie und Lebenskunst«. Lyrik, Kurzprosa, Collage-artiges, Rezensionen. Breites Spektrum zwischen Romantik und Social Beat. Seit Dezember 99 gibt es dazu die herzGalopp-Roadshow, ein Puppentheater für Erwachsene, das der Herausgeber vorführt.
Erscheinungsweise/Auflage: 2 bis 3 x jährlich, 150 bis 250 Stück
Preis: ca. 2 € plus Versand
Einsendungen: Keine besonderen Vorgaben
Adresse: c/o Raimund Samson, Otterhaken 8, 21107 Hamburg, Tel. 040/7532300, E-Mail: herzgalopp@aol.com, www.herzgallop.de.vu

jeder art
»Zeitschrift für Lyrik, Prosa und Grafik«; auch Rezensionen. Integration von Text und Grafik. Immer Themenhefte (z. B. Kuckuckseei, Kultstätten).
Erscheinungsweise/Auflage: 1 bis 2 x jährlich, 800 Stück
Preis: 9,70 €

179

Einsendungen: Keine besonderen Vorgaben. Vorher nach
dem Thema des jeweiligen Hefts fragen!
Adresse: Eka Kempkes, Hessenbleck 9, 42579 Heiligenhaus,
Tel. 0 20 56 / 6 88 25

Konzepte
Literatur zur Zeit. Lyrik, Prosa, Drama, Essay, Interview,
Rezensionen, Grafiken. Themenhefte.
Erscheinungsweise / Auflage: 2 x jährlich, 1500 Stück
Preis: 6 €
Einsendungen: Nicht mehr als 15 – 20 Seiten oder 5 – 10 Ge-
dichte einreichen (auf Diskette oder per E-Mail), kurze
Bibliographie beifügen. Bitte Rückporto beilegen oder
E-Mail-Adrese angeben.
Adresse: *Für Einsendungen Prosa, Essay, Drama*: Redaktion
Konzepte, Postfach 111115, 76061 Karlsruhe,
E-Mail: Konzepte@bvja-online.de
Für Einsendungen Lyrik / Hörspiel: Redaktion Konzepte,
Postfach 2654, 89216 Neu-Ulm,
E-Mail: MarkusOrths@t-online.de, www.bvja-online.de

KREATIVO
»Unbeschreiblicher Mix aus Comics / Zeichnungen,
Gedichten, Geschichten, Wortbeiträgen, Leserbriefen.«
Erscheinungsweise / Auflage: 3 x jährlich, ca. 100 Stück
Preis: ca. 2 € inkl. Porto
Einsendungen: Wer ein Belegexemplar wünscht, sollte
Rückporto beilegen.
Adresse: Projekt:Birke, Postfach 2022, 58470 Lüdenscheid

kritsch
Prosa und Lyrik, Fotos, Zeichnungen. Zwei bis drei
Gastpublikationen pro Ausgabe.
Erscheinungsweise/Auflage: 6 x jährlich, 200 Stück
Preis: 3 €
Einsendungen: Typoskript oder als E-Mail bzw. auf Diskette
(WinWord)
Adresse: Martin Heyne, Waldstr. 77, 63263 Neu-Isenburg,
Tel. 0 61 02 / 1 76 51,
E-Mail: redaktion@kritsch-online.de, www.kritisch-online.de

KULT
Magazyn fyr Netzwerk-Poesy Texte mit Nyveau & Charysma
– Lyrik, Prosa, Rezensionen, Essays, Pamphlete & Feuilleton
– Satire, Experimente, Kritik
Erscheinungsweise/Auflage: 2 x jährlich, Auflage
unterschiedlich
Preis: 3,50 €, Abo 7,– € (im Versand 7,70 €)
Einsendungen: ca. 15 Gedichte oder 5 Prosatexte, auch
Rezensionen oder Essays oder Pamphlete (auf Diskette oder
per E-Mail werden bevorzugt!)
Adresse: c/o KARLYCE Schrybyr, Sportplatzstr. 21b,
63773 Goldbach, Tel. & Fax. 0 60 21 / 5 66 36,
E-Mail: schreiber.space@gmx.de, www.aalfaa.de

Kopfzerschmettern
Fanzine für Hardcorepoesie und Metalllyrik
Erscheinungsweise/Auflage: Unregelmäßig, 300 Stück
Preis: 2 €

Einsendungen: Nicht mehr als 10 Gedichte auf Papier
Adresse: Robert Richter, Postfach 2015, 63410 Hanau, Tel. &
Fax. 06181/399577, E-Mail: RobsieRichter@gmx.de
www.kopfzerschmettern.de

Laufschrift

»Magazin für Literatur und Kunst«. Literarische Texte aller
Art: Prosa, Lyrik etc. Themenhefte (z. B. Exit, Albanische
Literatur)
Erscheinungsweise/Auflage: 2 x pro Jahr, 500 bis 700 Stück
Preis: 3,50 € plus Versand
Einsendungen: Max. 10 Normseiten pro Text. Vorher nach
dem Thema des jeweiligen Hefts fragen! Blümchenlyrik und
tagebuchartige Betroffenheitsbekundungen nicht erwünscht.
Adresse: c/o Martin Langanke, Bäumenstr. 2,
90762 Fürth, Tel. 0911/746603
E-Mail: redaktion@laufschrift-magazin.de
www.laufschrift-magazin.de

MajA

Literaturmagazin junger Autoren, druckt Kurzgeschichten,
Lyrik, Illustrationen. »Die Texte sollten auch für solche Leser
spannend und reizvoll sein, die kein literaturwissenschaft-
liches Studium abgeschlossen haben.«
Erscheinungsweise/Auflage: 3 x jährlich, 500 Stück
Preis: 5 €
Einsendungen: Von jedem Text zwei Kopien schicken. Bis
zu 10 Normseiten.
Adresse: MajA, c/o Alexander Hoffmann-Kuhnt,

Rappenhaldestr. 7, 72760 Reutlingen, Tel. 07121/300058,
E-Mail: carsten_brombach@gmx.de, www.maja-magazin.de

Maskenball
»Zeitschrift für Lyrik, Prosa, *spritual beat* und mehr!«
Veröffentlicht werden monatlich 20 bis 40 Autoren, je nach
Länge der Texte.
Erscheinungsweise/Auflage: 12 x jährlich, 600 Stück
Preis: 3,25 € inkl. Porto
Einsendungen: Keine besonderen Vorgaben
Adresse: Maskenball, c/o Jens Neuling, Postfach 1261,
63514 Rodenbach, Tel/Fax. 06184/991385,
E-Mail: maskenball@freenet.de, www.der-maskenball.de

perspektive
»Hefte für zeitgenössische Literatur« – Experimentelle Texte,
Avantgarde, Debatten
Erscheinungsweise/Auflage: 2 x jährlich, 1000 Stück
Preis: 5 €
Einsendungen: Keine besonderen Vorgaben
Adresse d. deutschen Redaktion: c/o Ralf B. Korte,
Lehmbruchstr. 22, 10245 Berlin, Tel. 0171/8389530,
E-Mail: mcsnake@perspektive.at, www.perspektive.at

S.U.B.H.
»Subhversiv, Subhkulturell, subhper!« Storys, Satire,
kulturpolitische Essays, Rezensionen von Produkten der
»Außerliterarischen Opposition«. Jede 2. Ausgabe ist ein
Themenheft.

Erscheinungsweise/Auflage: 4 x jährlich, 500 Stück
Preis: 3,30 € inkl. Porto
Einsendungen: 3 bis 4 Normseiten. Weitere Infos auf Anfrage
Adresse: c/o Andreas Reiffer, Albert-Schweitzer-Str. 17,
38108 Braunschweig, Tel. 05 31/3 55 77 58,
E-Mail: info@subh.de, www.subh.de

Salbader
Satirezeitschrift. Seit 93 auch als Volltext im Internet
vertreten.
Erscheinungsweise/Auflage: 3 x im Jahr, 4000 Stück
Preis: 3,50 €
Einsendungen: Humoristische Texte bis 4000 Zeichen, am
liebsten auf Diskette (Word für Mac oder RTF)
Adresse: Wolliner Str. 11, 10435 Berlin, Fax. 0 30/4 48 45 05,
E-Mail: juergen.witte@salbader.de, www.thing.de/salbader

Tatenlos
»Das ultimative Szenemag«; Social Beat und Subkultur.
Storys, Gedichte, Satire, Comic.
Erscheinungsweise/Auflage: 4 x jährlich, 250 Stück
Preis: ca. 1,50 €
Einsendungen: Max. 1 Normseite
Adresse: Perry Schäfer, Nördliche Lohstr. 8, 47798 Krefeld,
Tel. & Fax. 0 21 51/61 45 38, E-Mail: tatenlos@aol.com

Twilightmag
Phantastik, Horror, Fantasy, Dark Fiction. Kurzgeschichten,
Novellen, Rezensionen, Artikel und Comics. Alle Geschich-

ten, die für die regulären Ausgaben zu lang sind, werden in den Storybänden veröffentlicht.

Erscheinungsweise/Auflage: ca. 4 x jährlich, Auflage unbekannt

Preis: 4 €

Einsendungen: Bitte Rückporto beilegen oder E-Mail Adresse angeben!

Adresse: Tumor Entertainment, H. Henning, Sandweg 38, 20257 Hamburg,

E-Mail: Henning@twilightmag.de, www.twilightmag.de

Wandler

Prosa aller Art (auch experimentell und Romanauszüge), wenig Lyrik, Essays, Rezensionen, Grafiken, Fotos, eigene Rubriken wie »Der schönste Satz der Welt«. Ab und zu Themenhefte (z. B. *Fin de Siècle*, Literatur und Computer, Sehen)

Erscheinungsweise/Auflage: 2 x jährlich, 750 Stück

Preis: ca. 4 €

Einsendungen: Max. 10 Normseiten und Kurzbiografie

Adresse: Postfach 10 23 43, 78423 Konstanz,

Tel. 0 75 31 / 7 52 60, Fax. 0 75 31 / 2 49 72

E-Mail: og@carpe.com, www.carpe.com/wandler/index.html

Wie schaffe ich es, ein Buch zu veröffentlichen?

Wenn du dein Buch mit Hilfe von Gegenlesern auf seine Schwächen »abgeklopft« und überarbeitet hast, ist der nächste Schritt, einen Verlag dafür auszusuchen und ihn für

dein Projekt zu interessieren. Leider ist die Chance, dass das klappt, nicht besonders groß, speziell bei jugendlichen Autoren. Verlage beurteilen Manuskripte nicht nur nach der Qualität, sondern vor allem auch danach, wie viele Leser sich dafür interessieren könnten und wie gut es sich also verkaufen lässt. Auch aus diesem Grund wird von 1000 unverlangt eingesandten Manuskripten durchschnittlich nur ein Einziges schließlich als Buch gedruckt. Welches von diesen Manuskripten das Rennen macht, darüber entscheidet auch der Geschmack des Lektors, der die Einsendungen prüft, und noch viele andere Faktoren. »Ich habe ein Riesenglück gehabt«, meint Mario Giordano. »Mein erstes Buch wurde nur gedruckt, weil sie einen Programmplatz frei hatten für den Herbst, weil sie eine Piratengeschichte gesucht haben, weil mein Manuskript irgendwo obenauf auf dem Stapel lag. Ohne Glück geht's nicht.«

Das heißt nicht, dass du wegen dieser schlechten Chancen sofort die Flinte ins Korn werfen solltest – vielleicht ist gerade *dein* Buch das 1001., für das sich der Lektor auf Anhieb begeistert! »Ich werde dafür bezahlt, dass ich lese«, erklärt die Lektorin Angelika Kutsch. »Aber manchmal sitze ich an meinem Platz und lese ein Manuskript und vergesse, dass ich an meinem Arbeitsplatz sitze und dafür bezahlt werde, ich lese einfach und will weiterlesen und bin irritiert, wenn die Tür aufgeht oder das Telefon klingelt. Das ist mein Kriterium dafür, dass aus diesem Manuskript ein Buch werden sollte. Simpel, nicht?«

Ein ganz häufiger Fehler von Autoren ist, dass sie ihr Manuskript einem Verlag schicken, zu dem es gar nicht passt, zum

186

Beispiel einen Roman zu einem Sachbuchverlag oder ein Jugendbuch zu einem Literaturverlag – natürlich kommt das Werk dann postwendend zurück. Wirf mal einen Blick in dein Bücherregal und schreib dir auf, in welchem Verlag die Bücher erschienen sind, die dir am besten gefallen und die deinem Text am ähnlichsten sind. Auch die Buchhandlung ist ein gutes Jagdrevier, um den richtigen Verlag zu finden. Wertvolle Informationen bekommt man, wenn man sich mit der Buchhändlerin unterhält. Aber bevor du richtig mit der Verlagssuche loslegen kannst, musst du natürlich genau wissen, was für ein Buch du eigentlich geschrieben hast – passt es zu den Kinder- und Jugendbüchern, und wenn ja, in welche Altersgruppe? Oder ist es ein Erwachsenenbuch? Wenn du dir das überlegt hast, kannst du dich gleich zum entsprechenden Regal begeben und dir anschauen, was für Verlage solche Bücher machen. Oft liegen in der Buchhandlung auch Verlagsvorschauen aus, Kataloge, in denen jeweils die neuen Bücher der Saison beschrieben werden. Da sieht man schnell, ob das eigene Werk dazu passt oder nicht. Man kann die Vorschau auch direkt beim Verlag anfordern, Anruf genügt. Auf Buchmessen wie Frankfurt, die alljährlich im Oktober stattfindet, oder Leipzig, die im März veranstaltet wird, kannst du dich ebenfalls ganz gut über Verlage informieren.

Im »Impressum« eines Buches, meist ganz vorne auf den ersten Seiten oder ganz hinten, steht manchmal die Verlagsadresse, oft aber auch nur der Verlagsort. Deshalb ist es sinnvoll, wenn du dich mit einer Buchhändlerin anfreundest: Wenn du ihr erklärst, was genau du geschrieben hast, kann sie dir meist gleich sagen, zu welchem Verlag das passen

würde. Außerdem hat sie im Hinterzimmer ein Adressenverzeichnis, den so genannten »Banger«. Bestimmt lässt sie dich darin herumblättern, damit du dir die Verlagsadressen, die du brauchst, herausschreiben kannst. Wenn das aus irgendeinem Grund nicht klappt, dann könntest du dir auch das *Deutsche Jahrbuch für Autoren* zum Geburtstag wünschen – darin sind die Adressen ebenfalls enthalten. Es erscheint jedes Jahr neu. Umfang und Preis sind unterschiedlich, die Ausgabe 2003/04 hatte zum Beispiel 640 Seiten und kostete 19,90 €. Man kann es entweder beim Buchhandel bestellen oder direkt vom

Autorenhaus-Verlag
Karmeliterweg 116
13465 Berlin
Tel. 030/40103090
E-Mail: autoren@autorinnen.de, www.autorinnen.de

Im Vorteil ist mal wieder, wer Internet hat: Dort kann man Verlagsadressen im Verzeichnis der Frankfurter Buchmesse unter www.buchmesse.de abrufen.
Wenn du ein Kinder- oder Jugendbuch geschrieben hast und es Verlagen anbieten möchtest, dann hast du es am einfachsten: Bestell dir am besten die Broschüre *»Kinder- und Jugendbuchverlage von A bis Z«* (kostet nur 5 Euro plus Porto und Mehrwertsteuer). Darin stellen über 60 große und kleinere Verlage sich und ihr Programm vor, komplett mit Adressen und den Namen der Ansprechpartner. Du bekommst sie bei der

Buchhändler-Vereinigung GmbH

Postfach 10 04 42

60004 Frankfurt/M.

Tel. 0 69/1 30 60

Fax. 0 69/13 06 – 2 01

Die meisten unbekannten Autoren schicken einfach ihr Manuskript an den Verlag und warten dann auf Antwort. Da viele tausend Menschen jedes Jahr die gleiche Idee haben und ihre Texte auch noch an die gleichen Verlage schicken – nämlich die bekanntesten – ist das eigentlich die schlechteste Methode. Viel besser ist, wenn man es schafft, das Interesse eines Lektors zu wecken, damit er von selbst auf einen zukommt. Das schafft man zum Beispiel, indem man in Literaturzeitschriften veröffentlicht, an Wettbewerben teilnimmt (und möglichst gewinnt), Lesungen hält, Interviews gibt, sich also in der Öffentlichkeit »sichtbar macht«. Aber auch durch persönliche Kontakte, das berühmte »Vitamin B«, kann man zum eigenen Buch kommen. Frag doch einfach mal deine Eltern und die Eltern deiner Freunde, ob sie zufällig jemanden kennen, der Kontakte zu Verlagen oder Medien hat. Dann geht dein Manuskript nicht so in der Masse unter.

Du kannst ruhig mehrere Manuskript-Kopien auf einmal rausjagen. Da die Antwort jedes Mal mehrere Monate auf sich warten lässt, bist du sonst alt und grau, bis das Buch endlich vermittelt ist. Gibt es mehrere Interessenten, ist das umso besser, dann kannst du dir einen davon aussuchen. Doch wahrscheinlich wirst du aber, wie die meisten Autoren und

Autorinnen, mehrere Anläufe machen und einige Ablehnungen einstecken müssen. So ging es auch Andy Green (dieser Name ist das Pseudonym eines jungen bayerischen Autors), der als Jugendlicher Westernromane schrieb und heute unter anderem mit Büchern zu Fernsehserien und Kinofilmen – zum Beispiel The Sixth Sense – Erfolg hat. »Irgendwann mit fünfzehn oder so habe ich dann mal ein Theaterstück geschrieben, und da ich es wahnsinnig gut fand, habe ich es an Suhrkamp geschickt. Sie haben sehr ausführlich geantwortet – wahrscheinlich, weil ich mein Alter in den Brief reingeschrieben hatte – und mir erklärt, es sei nicht theatergerecht. Das stimmte wohl, ich war ja auch kein Theaterkenner und kannte Stücke nur vom Lesen. Also habe ich das abgehakt und bin wieder zu Romanen übergegangen.«

Es ist leider selten, dass der Verlag erklärt, warum er das Manuskript zurückgeschickt hat. Übliche Formulierungen sind »Passt nicht ins Programm« und »Leider ist unser Programm für die nächsten Jahre schon festgelegt.« Nach Monaten des Wartens einen solchen Formbrief zu bekommen ist ein ziemlich blödes Gefühl. Aber lass dich dadurch nicht zu sehr entmutigen – es bedeutet nicht automatisch, dass deine Geschichte schlecht ist. Wenn du dadurch Zweifel an deinen Texten bekommen hast, dann gib dir einfach noch ein paar Jahre Zeit und probiere es mit einem neuen Manuskript noch einmal.

Diese ganze Anbieterei klingt nach einer Menge Arbeit – muss das denn alles sein? Ja, leider. Es gibt zwar Literaturagenten, die Manuskripte an Verlage vermitteln und sozusagen in »nicht geheimem Auftrag« Honorar und Vertrag verhandeln. Sie nehmen einem die Arbeit ab, einen Verlag zu

suchen und ihn für einen Text zu interessieren. Für junge, noch unbekannte Autoren ist ein Agent allerdings nicht so sinnvoll. Das hat zwei Gründe: Zum einen gibt es nur ganz wenige, die sich auf Kinder- und Jugendbuch spezialisiert haben. Zum anderen ist die Gefahr groß, dass man an jemanden gerät, der nicht seriös ist. Die Faustregel ist: Wer schon vorneweg Geld verlangt, um ein Manuskript zu bearbeiten oder anzubieten, den sollte man lieber nicht beauftragen. Üblich ist ein Anteil von 20 % am Honorar, der *nur im Erfolgsfall* gezahlt wird.

Vorsicht ist auch angebracht, wenn du Anzeigen nach dem Motto »Verlag sucht Autoren« siehst. Antworte darauf lieber nicht: Diese so genannten Druckkostenzuschussverlage veröffentlichen nur in den seltensten Fällen kostenlos. Meist verlangen sie mehrere tausend Euro dafür, dass sie dein Buch herausbringen, und bieten dafür gewöhnlich wenig Leistung. Eine bessere Möglichkeit ist die neue Methode des »Book on demand« (www.bod.de), die zum Beispiel von der Buchvertriebsfirma Libri angeboten wird. Bei diesem »Druck auf Anfrage« zahlt man einmal ein paar hundert Euro, je nach Seitenzahl, um sein Buch sozusagen als Vorlage im Libri-Computer speichern zu lassen. Nur wenn jemand das Buch bestellt, wird ein Exemplar gedruckt. Es kostet dich ca. 5 Euro pro Stück an Herstellungskosten und sieht aus wie ein Taschenbuch. Was für einen Preis der Kunde für das Buch zahlen soll, bestimmst du selbst. Was nach Abzug der Kosten übrig bleibt, ist dein Honorar. Jedes Buch wird in eine Datenbank aufgenommen und kann in der Buchhandlung bestellt werden. Dieses Verfahren hat zwar noch mit Kinderkrankheiten zu kämpfen, ist aber

eigentlich eine praktische Sache, denn bisher war es nicht möglich, kostengünstig auch kleinste Auflagen zu drucken.

Nähere Informationen bei:
Libri Books on Demand, Gutenbergring 53, 22848 Norderstedt, Tel. 0 40/53 43 35 – 11, Fax. 0 40/53 43 35 84,
www.bod.de

Wie viel Geld bekomme ich eigentlich für ein Buch?
Normalerweise erhältst du einen bestimmten Honoraranteil von jedem verkauften Stück. Es sind zwischen 7 und 10 % vom Nettoladenpreis (dem Preis eines Buches in der Buchhandlung minus die Mehrwertsteuer, die bei Büchern durch eine Sonderregelung im Moment 7 % beträgt). Ein Beispiel:

1. Dein Buch wird für 12,90 € verkauft
2. Davon sind 7 % Mehrwertsteuer, also ist der Nettoladenpreis 12,– €
3. Von diesen 12,– € bekommst du 8 %
4. Von jedem verkauften Buch bekommst du also 96 Cent.

Das klingt nicht gerade viel, aber es läppert sich, wenn das Buch gut »läuft«. Damit der Autor nicht so lange auf sein Geld warten muss, zahlen die Verlage ihm meist einen Vorschuss. Entweder bekommt man ihn, wenn man den Buchvertrag unterschreibt oder wenn man das Manuskript abgibt oder wenn das Buch erscheint, je nachdem was du mit dem Lektor vereinbart hast. Du bekommst bei der Veröffentlichung so viel Geld, als wären schon einige hundert Stück verkauft worden, und erhältst erst dann wieder Prozente, wenn dein Buch den

Vorschuss eingespielt hat. Vorschüsse liegen meist um die 750 bis 4000 Euro, je nachdem wie der Verlag die Chancen des Buches einschätzt. Verspricht man sich davon, dass es ein Bestseller werden könnte, ist natürlich auch noch mehr Geld drin. Wenn Taschenbuch-, Film- oder Übersetzungsrechte von deinem Buch verkauft werden, bekommst du meist die Hälfte des Erlöses, das können noch mal einige tausend Euro sein. Ein- bis zweimal im Jahr wird abgerechnet.

Wenn du dir nicht sicher bist, ob das Angebot des Verlages angemessen ist, kannst du beim Bundesverband junger Autoren (BVJA) oder einem anderen Verband nachfragen (siehe Seite 138). Selbst wenn du kein Mitglied bist, werden sie dir sicher Auskunft geben. Was den Vertrag angeht, so kannst du ihn ebenfalls von einem der Autorenverbände checken lassen. Du solltest darauf achten, dass im Vertrag nicht drin steht, dass du deine nächsten beiden Bücher zuerst diesem Verlag anbieten musst. Vielleicht kommst du mit deinem Lektor nicht so gut klar und möchtest nach deinem ersten Buch zu einem anderen Verlag wechseln.

Wenn du unter Vertrag genommen wirst, dann solltest du dem Verlag ein ausgedrucktes Manuskript und (falls du mit Computer schreibst) die Diskette dazu abgeben, auf der du deinen Text im »Rich Text Format« (RTF) abgespeichert hast. Bis das Buch erscheint, dauert es dann noch mindestens ein halbes Jahr, meist sogar ein Jahr. Da ist also Geduld angesagt.

Wie schaffe ich es, im Internet zu veröffentlichen?

Das Internet ist gerade für Autoren eine äußerst praktische Sache. Du kannst es zum Beispiel als Informationsquelle nutzen.

Wenn man bei Suchmaschinen wie www.dino-online.de, www.web.de oder www.google.de Begriffe wie »Literaturbüro«, »Kreatives Schreiben«, »Verlage« oder etwas Ähnliches eingibt, dann bekommt man eine ganze Menge Seiten genannt, von denen natürlich viele Datenmüll sind, aber einige auch sehr nützliche Hinweise enthalten. Wenn du noch keinen Internet-Zugang hast, dann lässt dich ein Freund vielleicht mal ein paar Stunden im Netz nach Informationen zum Thema Schreiben forschen. Auch in vielen Bibliotheken und in Internet-Cafés kann man mal probeweise »surfen«. Jede gute Seite im Internet enthält Verweise auf andere Homepages, »Links«, auf die man nur drauf zu klicken braucht, um zu der Seite zu gelangen. So entdeckst du nach und nach immer mehr und mehr interessante Literatur-Orte im Netz.

Surftipps für Autoren

autorenforum
www.autorenforum.de
Aktuelles, Infos und Links. Hier kann man auch den Newsletter »The Tempest« abonnieren.

bla
www.bla2.de
Einer der Literatur- »Webringe«: Hier haben sich ca. 120 Literatur-Websites zusammengeschlossen, sodass man von einer zur anderen surfen kann.

Buch & Medien im Internet
www.buchhandel.de
Hier findet man zum Beispiel das Verzeichnis lieferbarer Bücher, Brancheninfos und vieles mehr.

Federkiel
www.federkiel2000.de
»Plattform für Literaturschaffende«: Tipps zum Handwerk des Schreibens, Interviews, Foren, Brancheninfos, Buchtipps und Links.

Gedichte.com
www.gedichte.com
Datenbank mit 4500 Gedichten, die man über ein Stichwort, die erste Zeile oder nach dem Namen des Dichters suchen kann. Jeder kann Gedichte, die ihm besonders gefallen, eintragen.

Junges Lektorat
http://junges-lektorat.de
Gibt Autoren die Möglichkeit, ihre Texte von anderen Autoren bzw. ehrenamtlichen Lektoren lektorieren zu lassen.

Kreativ Schreiben für Kinder
http://kidswriting.mingco.com
(Englisch). Seite für schreibende Jugendliche, mit vielen Profi-Interviews und Tipps.

Literatur Top 100
www.literatur100.de/seite1.htm
Gute Auswahl von Literatur-Seiten im Netz.

OLLi
www.carpe.com/#literatur
Große kommentierte Linksammlung zu Literatur im Internet, gesammelt von Wandler-Redakteur Oliver Gassner.

Projekt Gutenberg
http://gutenberg.spiegel.de
Archiv copyrightfreier Texte (vor allem Klassiker) zum Online-Lesen und Herunterladen, von Aesop über Rilke bis Zola. Man kann auch seine eigenen Texte zur Verfügung stellen und im Projekt Gutenberg veröffentlichen.

Homepage des Uschtrin Verlags
www.uschtrin.de/ai.html
Informationen über Autorenverbände, Wettbewerbe, Stipendien, und vieles mehr. Viele Links in die Buch- und Verlagswelt.

WARP-Online
www.warp-online.de/index_r.htm
Webring und Portal zu den Themen SF und Fantasy mit der Möglichkeit, eigene Geschichten vorzustellen.

Wenn du selbst einen Zugang hast, dann kannst du die vielen »Newsgroups« nutzen, Diskussionsforen, in denen per E-Mail über Literatur geredet wird. Es sind auch einige speziell für Autoren dabei (*de.alt.schreiben.prosa* zum Beispiel). Meist hat das Programm, das dich ins Internet gebracht hat, eine Funktion namens »Newsgroups«, über die du dir eine Liste aller verfügbaren Gruppen anschauen und die abonnieren kannst, die du möchtest. Auch sehr nützlich ist die Möglichkeit, per E-Mail Texte auszutauschen. Die elektronische Post ist schnell und spart Porto – du hängst die Datei einfach an die Mail an und schickst sie ab durchs Datennetz. Sekundenschnell erscheint sie beim Empfänger auf dem Bildschirm, selbst wenn er auf der anderen Seite der Welt wohnt. Wenn du sicher sein willst, dass dein Brieffreund sie auch öffnen kann, solltest du sie im »Rich Text Format« (RTF) abspeichern.

Im Internet Texte zu veröffentlichen ist nicht schwer. Du brauchst dafür nicht mehr als eine eigene Homepage, und die ist mit den richtigen Programmen schnell gebastelt. Dort kannst du eine Auswahl deiner Gedichte oder Geschichten präsentieren, ohne dass dir jemand dreinredet. Sie sind dann rein theoretisch von jedem Internetanschluss der Welt zugänglich – auch wenn sich in der Praxis vielleicht nur wenige Dutzend Menschen im Monat das Angebot anschauen. Wenn du keine Lust auf eine eigene Homepage hast, kannst du dich ja vielleicht bei der Homepage deiner Schülerzeitung beteiligen oder mit ein paar Freunden gemeinsam eine betreiben.

Mehr Prestige und mehr »Hits« (also mehr Benutzer, die auf

die Seite zugreifen) haben richtige Web-Zeitschriften, also Magazine, die nur im Internet existieren. Dort musst du dich aber richtig per E-Mail mit Texten bewerben, weil meist ein Redakteur unter den Einsendungen auswählt. Werden sie angenommen, übernimmt häufig die Zeitschrift die Gestaltung des Beitrags, manchmal musst du sie aber auch als fertig gestaltete HTML-Datei abgeben, also im Internet-Format. Honorar gibt es für solche Veröffentlichungen fast nie, du solltest dafür aber auch nicht zahlen müssen. Wenn Geld von dir verlangt wird, zeig denen einfach die kalte Schulter.

Hier sind ein paar Orte im Web, bei denen du Texte »unterbringen« kannst:

Das Auge
www.netzraum.de/auge/lesesaal/
Kulturmagazin mit »Tonraum«, »Lesesaal« und »Galerie«, in der man Ölgemälde betrachten kann. Der Lesesaal ist ein Forum für Lyrik, Kurzprosa und andere Literatur. Es wird eine Auswahl getroffen.

Autorenweb
www.autorenweb.de
Hier können unveröffentlichte Autoren ihre Texte präsentieren, in der Hoffnung, dass ein Verlagsmitarbeiter darauf stößt und sich dafür interessiert. Gut: Ausführliche Linkliste von Verlagen im Internet.

Jugend-Literatur-Werkstatt Graz
www.literaturwerkstatt.at
Infos über Wettbewerbe für Jugendliche, eine Netz-werkstatt, einen Netzroman und eine Ecke, in der man als Jugendlicher Texte veröffentlichen kann.

Das Kurzgeschichten-Projekt
www.metropool.de/cult/shortstory/joerg/
index.html
Page von Jörg Ötto. Jeder, der Lust hat, kann dort eine Kurzgeschichte veröffentlichen.

Leselupe
www.leselupe.de
Bietet Aktuelles, einen Literatur-Chat und eine Litera-tursuchmaschine, aber auch die Möglichkeit, Texte zu veröffentlichen.

LITERANGO
nineties.com/zongo/literan
Teil des Magazins »Zongo«. Dort finden sich Theater-stücke, Lyrik, Erzählungen, Satire usw.

Literascript
http://home.t-online/home/Literascript/
Veröffentlichungen von Texten aller Art, Foren, Wettbe-werbsinfos, Interviews, Autorenwissen, Lektoratsser-vice, Links.

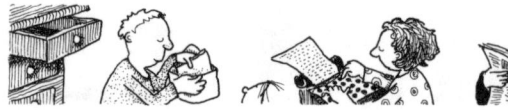

literatur.org
www.literatur.org
»Junge Literatur im Netz«: Viele Foren von Geschichten bis hin zu Herz- und Schmerz-Poesie. Leseecke mit Kurzgeschichten, Satiren, Märchen und Fabeln, Lyrik (auch Haiku und Limerick).

Das Literaturcafé im Internet
www.literaturcafe.de
Literarische Links, Literatur-Chat, Interviews, Rezensionen. Gäste können hier eigene Essays, Lyrik und Prosa veröffentlichen. Unter den Einsendungen wird ausgewählt: »Wenn der Text gut, originell oder aus einem anderen Grund interessant ist, so wird er demnächst hier im Café für alle Gäste zu lesen sein.«

literature.de
www.literature.de
Zeitschrift mit Kurzgeschichten und Lyrik, Buchtipps und -kritiken, Anthologieprojekten, einer Stilmitteldatenbank und Links und Informationen rund um Preise und Stipendien. Jeder kann hier veröffentlichen. Die besten eingereichten Texte werden für die Print-Ausgabe und die regelmäßig erscheinenden Anthologien ausgewählt.

roman-kritik.de
www.roman-kritik.de

Forum für Hobby-Schriftsteller, die Texte der Öffentlichkeit zugänglich machen wollen. Kritik, Roman-Auszüge, Kurzgeschichten, Essays und Lyrik sind willkommen.

Satirezeitung
www.satirezeitung.de
Satire- und Storyportal der Satirezeitschung HERBST; neue Texte sind willkommen.

Schreibzimmer
www.schreibzimmer.de
Bietet die Möglichkeit, seine Werke im Internet zu publizieren (Prosa, Lyrik, Satire, Kindergeschichten), Kontakt zu anderen Autoren knüpfen und sich mit Lesern austauschen. Storyline

Storyline
www.storyline-net.de
Texte, Artikel und Ratgeber-Texte, Online-Roman sowie ein Verlagsverzeichnis zum Download.

Textgalerie
www.textgalerie.de
Die Textgalerie ist jederzeit offen für neue Beiträge, seien es Gedichte, Geschichten, Krimis, Hörspiele, Schauspiele, Satiren oder Essays – nicht jedoch Auszüge längerer Texte. Nicht alle Texte werden genommen, die Redaktion trifft eine Auswahl.

Fürs Internet geeignet sind vor allem Gedichte oder kurze Prosatexte, weil die meisten Internet-Benutzer nur einen kurzen Blick auf einzelne Seiten werfen und dann weitersurfen. Sich richtig in einen langen Text vertiefen, das geht am Bildschirm schlecht – vor allem, weil im Internet jede Minute Geld kostet. Wer sich wirklich für eine deiner Storys interessiert, der kann sie allerdings ausdrucken oder auf seinen Computer herunterladen. Eine für das Netz typische Form ist übrigens »Hypertext«, der Verknüpfungen enthält und manchmal auch Töne oder Bilder. Du hast das vielleicht auch schon mal gesehen – in solchen Texten sind bestimmte Wörter unterstrichen. Wenn man sie anklickt, gelangt man auf eine andere Seite oder an einen anderen Ort im Netz. So kann man Texte schaffen, in denen man fröhlich hin- und herspringen kann.

Geht man eigentlich das Risiko von Textklau ein, wenn man seine Sachen einfach so ins Netz stellt? Viele Autorinnen und Autoren machen sich deswegen große Sorgen. Doch für Texte im Internet gilt das normale Urheberrecht, Plagiat und unberechtigte Verwendung sind also genauso verboten. Natürlich ist es nicht ganz leicht zu kontrollieren, ob das auch eingehalten wird, aber im Grunde geht man bei einer Veröffentlichung in einer »normalen« Zeitschrift oder in einem kleinen Verlag das gleiche Risiko ein. Bisher sind auch so gut wie keine Fälle von Textklau im Internet bekannt geworden. Allerdings solltest du bedenken, dass Ideen nicht genauso rechtlich geschützt sind wie Texte; du kannst also niemand daran hindern, deinen Einfall aufzugreifen. Wenn die Idee wirklich gut ist, behalte sie besser für dich. Schaden kann es auch

nicht, wenn du unter deine Geschichten oder Gedichte in ganz kleiner Schrift dazuschreibst: »*Copyright* (Jahreszahl) (dein Name und deine Adresse). *Kann für den privaten Gebrauch ausgedruckt werden, aber die kommerzielle Verwendung ohne Einverständnis des Autors ist untersagt.*«

Wie komme ich an Preise und Stipendien heran?
An einem Literaturwettbewerb teilzunehmen ist so spannend wie Lottospielen. Man gewinnt vielleicht nicht unbedingt etwas, aber zumindest hat man die Chance. Unten sind die wichtigsten Preise und Wettbewerbe aufgezählt, die speziell für Nachwuchsautoren gedacht sind. Einige Ausschreibungen sind aber auch dabei, bei denen professionelle Kinder- und Jugendbuchautoren mit dir konkurrieren (zum Beispiel beim Peter-Härtling- oder beim Astrid-Lindgren-Preis), sodass die Gewinnchancen natürlich gering sind. Wenn du einen wirklich guten Text für junge Leser hast, dann solltest du es aber darauf ankommen lassen und trotzdem mitmachen – selbst wenn du nicht den ersten Platz schaffst, wird auf diese Art vielleicht ein Verlag auf dich aufmerksam. In der Jury sitzen neben anderen Autoren nämlich vor allem Lektoren, die die Augen nach neuen Talenten offen halten.
Nicht aufgeführt sind in dieser Übersicht kleine, regionale Preise. Deshalb solltest du immer mal wieder einen Blick in die Zeitung werfen – dort werden die Ausschreibungen im Kultur- oder Lokalteil veröffentlicht – und in der Schule auf Aushänge achten. Bei solchen Wettbewerben senden sehr viel weniger Leute Texte ein, sodass die Wahrscheinlichkeit, dass du gewinnst, größer ist.

Informationen über Ausschreibungen findest du auch in Literaturzeitschriften mit Serviceteil, zum Beispiel in

Scriptum
Walter Eigenmann
Postfach 252
CH-6023 Rothenburg
Tel./Fax. 00 41 / 41 / 2 80 20 25
(Erscheint 4 x jährlich und kostet ca. 5 €)

Litform
Westfälisches Literaturbüro in Unna e.V.
Friedrich-Ebert-Str. 97
59425 Unna
Tel. 0 23 03 / 96 38 50
Fax. 0 23 03 / 96 38 51
(Erscheint 4 x jährlich und kostet ca. 4 €)

Im Internet kann man sich z. B. unter www.uschtrin.de/ ai.html kostenlos über aktuelle Ausschreibungen und die Teilnahmebedingungen informieren.

Es kann frustrierend sein, bei Wettbewerben teilzunehmen, weil man nicht immer Antwort bekommt und oft nie wieder etwas vom Veranstalter hört. Wenn man nicht selbst der oder die Glückliche war, erfährt man praktisch nie etwas über die Texte, die gewonnen haben, kann also nicht vergleichen, in welcher Weise sie besser waren als die eigenen. Da gewöhnlich mehrere hundert oder bei manchen Preisen sogar mehrere tausend Manuskripte eingehen, bedeutet es nicht, dass

deine Geschichten oder Gedichte mies waren, wenn du nicht gewinnst.

Meist musst du deine Geschichten in die Form der Normseite (siehe S. 168) bringen und mehrere Kopien davon einschicken. Wenn du ganz sicher sein willst, dass du alles richtig machst, kannst du vorher die genauen Teilnahmebedingungen beim Veranstalter anfordern (am besten mit frankiertem Rückumschlag).

Ausgewählte Preise und Stipendien:

Leonce-und-Lena-Preis
Wolfgang-Weyrauch-Förderpreise
Wer kann teilnehmen? Lyrik-Autorinnen und Autoren, die am Tag des Einsendeschlusses nicht älter als 35 Jahre sind. Zwölf Autoren werden zum Wettbewerb eingeladen und nehmen an der Lesung im Rahmen des »Literarischen März« teil, dann wählt eine Jury die Preisträger.
Was muss ich einreichen? Eine kurze Biografie und bis zu zwölf unveröffentlichte Gedichte in vier Kopien. Vorher die »Meldekarte« anfordern und mit einschicken.
Wie oft wird er verliehen? Alle zwei Jahre.
Wann ist der Einsendeschluss? 15. September 2002 für die Verleihung im März 2003.
Was gibt es zu gewinnen? Leonce-und-Lena-Preis: 8000 €. Wolfgang-Weyrauch-Förderpreise (2 bis 3): insgesamt 8000 €. Die Beiträge zu den Lesungen werden in einer Anthologie veröffentlicht.

An wen muss ich mich wenden? Kulturamt der Stadt Darmstadt, Geschäftsstelle des Literarischen März, Frankfurter Str. 71, 64293 Darmstadt, Tel. 0 61 51 / 13 33 37, www.darmstadt.de

Inge Czernik-Förderpreis für Lyrik

Wer kann teilnehmen? Lyriker, die noch von keinem größeren Verlag veröffentlicht worden sind. Der Preis wird während der Freudenstädter Lyriktage Mitte September verliehen.

Was muss ich einreichen? Geht aus den ausführlichen Teilnahmebedingungen hervor, die man mit Rückporto anfordern muss.

Wie oft wird er verliehen? Jährlich.

Wann ist der Einsendeschluss? Ende April

Was gibt es zu gewinnen? Eine Buchveröffentlichung von Gedichten des Preisträgers. Die Einnahmen daraus gehen voll an den Autor.

An wen muss ich mich wenden? Czernik-Verlag/Edition L., Albert-Einstein-Str. 94, 68766 Hockenheim.

Mondsee-Lyrikpreis

Wer kann teilnehmen? Deutschsprachige Autorinnen und Autoren

Was muss ich einreichen? 10 bis 12 unveröffentlichte Gedichte fünf mal kopiert

Wie oft wird er verliehen? Alle 2 Jahre

Wann ist der Einsendeschluss? 15. Juni 2003

Was gibt es zu gewinnen? 7000 €

An wen muss ich mich wenden? Literaturtage Mondsee, Postfach 117, A-5310 Mondsee

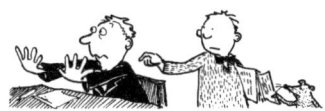

Hattinger Förderpreis

Wer kann teilnehmen? Autorinnen und Autoren zwischen 16 und 25 Jahren. Prämiert werden literarische Texte. Acht Autoren werden für eine öffentliche Lesung während der Hattinger Literatur-Tage von Ende August bis Mitte September ausgewählt und eingeladen, dann wird von Jury und Publikum jeweils ein Preis vergeben.

Was muss ich einreichen? Manuskripte von höchstens 5 Normseiten, deutschsprachig, Maschinen geschrieben, ungeheftet.

Wie oft wird er verliehen? Jährlich

Wann ist Einsendeschluss? 15. Mai

Was gibt es zu gewinnen? Bezahlte Lesung für die Preisträger. Fahrgeld und eine Kostenpauschale wird erstattet, wenn nötig sorgen die Veranstalter für eine Übernachtungsmöglichkeit.

An wen muss ich mich wenden? KUBISCHU (Kultur- und Bildungskooperative Schulenburg Hattingen e.V.), Postfach 800523, 45505 Hattingen, Tel. 02324/22170

E-Mail: www.kubischu.de

OPEN MIKE – Internationaler Wettbewerb deutschsprachiger Literatur

Wer kann teilnehmen? Autorinnen und Autoren unter 35 Jahren, die noch kein eigenes Buch veröffentlicht haben. Bei der Endausscheidung nehmen ca. 25 Autoren und Autorinnen teil und lesen ihre Texte; die Jury wählt dann die drei Preisträger.

Was muss ich einreichen? Unveröffentlichte Lyrik oder Prosa (Kurzgeschichte oder Romanauszug). Manuskripte, die für

eine 15-minütige Lesezeit ausreichen, jeweils dreimal kopiert und mit Kurzvita einschicken. Auf den Texten darf kein Name vermerkt sein. Die Texte dürfen noch zu keinem anderen Wettbewerb eingereicht worden sein und müssen unveröffentlicht sein.

Wie oft wird er verliehen? Jährlich

Wann ist der Einsendeschluss? Ende Juli

Was gibt es zu gewinnen? 4800 € und eine Einladung zu einer Literatursendung im Rundfunk. Die Autoren in der Endrunde erhalten ein kleines Startgeld und Fahrtkostenerstattung bis maximal 200 €.

An wen muss ich mich wenden? literaturWERKstatt berlin, Knaackstr. 97, 10435 Berlin, Tel. 030/4852450, Fax. 030/4852 4530, E-Mail: mail@literaturwerkstatt.org, www.literaturwerkstatt.org

Jugendkulturpreis Nordrhein-Westfalen

Wer kann teilnehmen? Wer in den letzten zwei Jahren Projekte in den Bereichen Literatur/Lesen/Schreiben, Kreativer Mediengebrauch (Computer, Foto, Film etc.), Bildnerisches Gestalten, Performance, Musik, Tanz oder Theater durchgeführt hat, kann sich bewerben. Spartenübergreifende Projekte sind besonders von Interesse. Verliehen wird der Preis während eines Jugendkulturfestivals in Dortmund Ende September.

Was muss ich einreichen? Ist in den Bewerbungsunterlagen angegeben, die man anfordern muss.

Wie oft wird er verliehen? Unregelmäßig

Wann ist der Einsendeschluss? Ende Mai

Was gibt es zu gewinnen? 5000 €

An wen muss ich mich wenden? Landesarbeitsgemeinschaft Kulturpädagogische Dienste/Jugendkunstschulen NRW e.V., Luisenstr. 22, 59425 Unna, Tel. 023 03/6 93 24, Fax. 023 03/6 50 57, E-Mail: BJKE_LKD@compuserve.com

RSGI-Jungautoren-Wettbewerb

Wer kann teilnehmen? Autorinnen und Autoren bis einschließlich 25 Jahre. 20 Teilnehmer werden zur Endausscheidung nach Regensburg eingeladen.

Was muss ich einreichen? Lyrik und Kurzprosa, deren Länge fünf Minuten Lesezeit nicht übersteigt. Die Manuskripte müssen mit einem Kennwort, nicht mit dem Namen, versehen werden. Leg die Texte in ein Kuvert, beschrifte es außen mit einem Kennwort und verschließe es. Dazu legst du das ausgefüllte Anmeldeformular (beim Veranstalter anfordern) dazu und packst alles zusammen in einen zweiten Umschlag, den du dann wegschickst.

Wie oft wird er verliehen? Alle zwei Jahre, nächste Ausschreibung 2004

Wann ist der Einsendeschluss? Meist Mitte September

Was gibt es zu gewinnen? 800 €

An wen muss ich mich wenden? Regensburger Schriftstellergruppe International e.V., Stichwort Jungautorenwettbewerb, Von-der-Tann-Str. 13, 93047 Regensburg, Tel./Fax. 09 41/5 77 09 oder 78 98 36, www.rsgi.de

Treffen junger Autoren/Schüler schreiben

Wer kann teilnehmen? Jugendliche ab 10 Jahren, die sich in der schulischen bzw. beruflichen Ausbildung befinden.

Alle literarischen Formen sind erlaubt – Gedichte, Geschichten, Dramatisches, Satire, Parodien, Märchen, Science Fiction, Reportagen, Nonsense… Aus den Einsendungen werden 30 Beiträge ausgewählt und die Autorinnen und Autoren zum »Treffen junger Autoren« eingeladen, bei dem die Lesungen der Teilnehmer im Mittelpunkt stehen. Rahmenprogramm sind Workshops und Begegnungen mit professionellen Autoren und Journalisten sowie mit Verlagsfachleuten.

Was muss ich einreichen? Ausgefüllten Bewerbungsbogen, der bei den Veranstaltern erhältlich ist, und ein Manuskript von max. 5 Normseiten.

Wie oft wird er verliehen? Jährlich

Wann ist der Einsendeschluss? Mitte Juni für die Preisverleihung Ende November.

Was gibt es zu gewinnen? Teilnahme am Treffen junger Autoren, bei dem die Lesungen der Teilnehmer im Mittelpunkt stehen. Außerdem gibt es für die 50 besten Teilnehmer Bücherschecks im Wert von ca. 50 Euro.

An wen muss ich mich wenden? Berliner Festspiele GmbH, »Treffen Junger Autoren«, Schaperstr. 24, 10719 Berlin, Tel. 030/25 48 92 13, www.berlinerfestspiele.de (im Auftrag des Bundesministeriums für Bildung und Forschung).

Kinder- und Jugendliteraturpreis »Eberhard«

Wer kann teilnehmen? Jeder. Prämiert werden Texte aller Genres und Gattungen mit Umweltthematik. Jedes Jahr wird ein bestimmtes Motto gewählt.

Was muss ich einreichen? Eine unveröffentlichte Arbeit von max. sieben Normseiten. Manuskripte in verschlossenem

Umschlag mit Kennwort versehen und ohne Absender an Veranstalter senden, in separatem Umschlag Kennwort, Name und Anschrift einschicken.

Wie oft wird er verliehen? Jährlich

Wann ist der Einsendeschluss? September

Was gibt es zu gewinnen? 2500 €

An wen muss ich mich wenden? Landkreis Barnim, Schulverwaltungs- und Kulturamt, Heegermühler Str. 75, 16225 Eberswalde, Tel. 03334/214255, Fax. 03334/214256

E-Mail: sva@barnim.de

Peter-Härtling-Preis

Wer kann teilnehmen? Jeder. Unveröffentlichtes erzählendes Kinder- bzw. Jugendbuch für die Altersgruppe 10 bis 14 Jahre. Der Preisträger hat die Möglichkeit, das Manuskript beim Verlag Beltz & Gelberg zu veröffentlichen.

Was muss ich einreichen? Ein Manuskript mit einem Umfang von 50 bis 200 Normseiten. Es sollte ohne Autorennamen, sondern stattdessen mit einem Kennwort versehen eingeschickt werden; in separatem Umschlag Kennwort, Name und Anschrift angeben.

Wie oft wird er verliehen? Alle zwei Jahre, nächste Ausschreibung 2004.

Wann ist der Einsendeschluss? Unterschiedlich, beim Veranstalter erfragen.

Was gibt es zu gewinnen? 5555 €

An wen muss ich mich wenden? Peter-Härtling-Preis, Verlag Beltz & Gelberg, Postfach 100154, 69441 Weinheim, Tel. 06201/600738

Kinder- und Jugendbuchpreis der Stadt Oldenburg

Wer kann teilnehmen? Schriftsteller und Illustratoren, die zum ersten Mal mit Texten und Illustrationen an die Öffentlichkeit treten. Einreichen kann man unveröffentlichte Manuskripte und Illustrationen oder Neuerscheinungen.

Was muss ich einreichen? Fünf Exemplare des Manuskripts/ Buchs. Kurzbiografie beifügen.

Wie oft wird er verliehen? Jährlich

Wann ist der Einsendeschluss? 15. Juni für die Preisverleihung im November.

Was gibt es zu gewinnen? 7600 €

An wen muss ich mich wenden? Stadtbibliothek Oldenburg – Jugendbibliothek, Peterstr. 1, 26105 Oldenburg, Tel. 0441/ 235–2823

Astrid-Lindgren-Preis

Wer kann teilnehmen? Jeder. Unveröffentlichte Kinder- und Jugendbuchmanuskripte. Das ausgezeichnete Manuskript wird ins Oetinger-Verlagsprogramm übernommen.

Was muss ich einreichen? Manuskript von 80–200 Normseiten

Wie oft wird er verliehen? Unregelmäßig, wird in der Presse bekannt gegeben.

Wann ist der Einsendeschluss? Wird bekannt gegeben.

Was gibt es zu gewinnen? 10000 €

An wen muss ich mich wenden? Verlag Friedrich Oetinger, Poppenbütteler Chaussee 53, 22397 Hamburg, Tel. 040/ 60790902, Fax. 6072326, E-Mail: oetinger@vsg-hamburg.de

Junges Literaturforum Hessen / Thüringen
Wer kann teilnehmen? Autorinnen und Autoren zwischen 16 und 25 Jahren aus Hessen und Thüringen.
Was muss ich einreichen? Drei Gedichte oder eine Kurzgeschichte von max. drei Normseiten (Maschinen geschrieben). Name, Adresse und Geburtsdatum dazuschreiben und zwei Kopien einschicken.
Wie oft wird es veranstaltet? Jährlich
Wann ist der Einsendeschluss? 31. Januar
Was gibt es zu gewinnen? 10 Förderpreise, Teilnahme an Wochenendseminaren mit prominenten Schriftstellern, Veröffentlichungen in einer Suhrkamp-Anthologie und Literaturzeitschriften.
An wen muss ich mich wenden? Hessen: Hessisches Ministerium für Wissenschaft und Kunst, Stichwort »Junges Literaturforum«, Postfach 3260, 65022 Wiesbaden. Tel. 0611/165 – 630, Fax. 0611/165 – 716. Thüringen: Thüringer Ministerium für Wissenschaft, Forschung und Kunst, Stichwort »Junges Literaturforum«, Postfach 672, 99013 Erfurt.

Münchner Literaturstipendium
Leonhard- und Ida-Wolf-Gedächtnispreis für Literatur
Wer kann teilnehmen? Junge, noch nicht etablierte in- und ausländische Autoren und Autorinnen, die in München ihren Wohnsitz haben (S-Bahn-Bereich).
Was muss ich einreichen? Unveröffentlichte, deutschsprachige, künstlerisch anspruchsvolle Texte. Der Antrag muss eine Kurzbiografie, eine kurze Beschreibung des Vorhabens (1 Seite) und eine Arbeitsprobe aus dem Projekt enthalten. Bei

Prosa max. 30 Normseiten, bei Lyrik max. 20 Gedichte, bei Kinderliteratur max. 15 Seiten. Das Material in fünf Kopien einreichen.

Wie oft wird es verliehen? Alle zwei Jahre, nächste Verleihung 2003

Wann ist der Einsendeschluss? 29. März

Was gibt es zu gewinnen? Sechs Stipendien à 6000 € und den Leonhard- und Ida-Wolf-Gedächtnispreis für Literatur, mit dem Autorinnen und Autoren unter 25 Jahren gefördert werden (ca. 3000 €).

An wen muss ich mich wenden? Kulturreferat, Burgstr. 4, 80331 München, Tel. 0 89/2 33 – 2 35 37 oder 2 33 – 2 11 96, Fax. 0 89/2 33 – 2 12 62, E-Mail: katrin.dirschwigl@muenchen.de, www.muenchen.de/referat/kultur/index.html

Wolfgang-Hohlbein-Preis

Wer kann teilnehmen? Ueberreuter schreibt diesen Preis aus, um neue Talente im Genre Fantasy zu fördern – denn auch der heutige Bestsellerautor Hohlbein wurde 1982 über einen Preis entdeckt. Gesucht wird ein unveröffentlichter phantastischer Jugendroman. Das Preisträgermanuskript erscheint im Ueberreuter Verlag.

Was muss ich einreichen? Vollständiges Manuskript von mindestens 150 Seiten Länge.

Wie oft wird er verliehen? Unregelmäßig, ca. alle drei bis vier Jahre

Was gibt es zu gewinnen? 7500 €

An wen muss ich mich wenden? Verlag Carl Ueberreuter GmbH, Kennwort »Wolfgang-Hohlbein-Preis«, Alser Str. 24,

Postfach 306, A-1091 Wien, Tel. 0043/1/40444–171, Fax. 0043/1/40444–5, www.ueberreuter.at

SchrittMacher Literatur-Wettbewerb in Rheinland-Pfalz

Wer kann teilnehmen? Jedes Jahr kommt das Literaturjahrbuch *Schrittmacher*, in dem Texte junger Leute veröffentlicht werden, heraus. Teilnehmen kann man, wenn man zwischen 14–21 Jahren alt ist und in Rheinland-Pfalz lebt. Zugelassen sind alle Genres: Lyrik, Kurzgeschichten, Theaterstücke, Sketche, Fantasy, Rap-Texte …
Was muss ich einreichen? Höchstens vier Seiten Text dreimal kopiert mit dem Anmeldebogen an den Rhein-Mosel-Verlag schicken.
Wie oft wird er verliehen? Jährlich
Wann ist der Einsendeschluss? 31. Mai
Was gibt es zu gewinnen? Veröffentlichung im Literaturjahrbuch *Schrittmacher*
An wen muss ich mich wenden? Rhein-Mosel-Verlag, Römerstr. 6, 56867 Briedel, www.rmv-web.de/schrittmacher

Story-Olympiade

Wer kann teilnehmen? Hobbyautoren, also alle, die nicht von ihren Büchern leben können. Die Story-Olympiade ist der größte verlagsunabhängige Phantastik-Kurzgeschichten-Wettbewerb im deutschsprachigen Raum. Jedes Jahr wird ein neues Thema gestellt (z. B. 2002: Hexen, Magier, Scharlatane). Fan-Fiction (StarTrek etc.) und Auszüge aus Romanen sind nicht zugelassen.
Was muss ich einreichen? Texte per E-Mail einschicken (als

RTF-Attachment). Ein Text pro Teilnehmer mit maximal 20 000 Zeichen inklusive Leerstellen. Am Anfang jedes Textes Titel, Autor nennen, am Ende Name Adresse und E-Mail-Adresse.
Wie oft wird er verliehen? Jährlich
Wann ist der Einsendeschluss? meist 31. Mai
Was gibt es zu gewinnen? Die SiegerInnen erhalten die Möglichkeit, gemeinsam einen Roman zu schreiben und zu veröffentlichen. Die anderen Geschichten werden in der Wettbewerbs-Anthologie abgedruckt.
An wen muss ich mich wenden? Ernst Wurdack,
E-Mail: orga@storyolympiade.de, www.storyolympiade.de

Literatur-Förderpreis der Stadt Mainz
Wer kann teilnehmen? Junge Autorinnen und Autoren, die nicht älter als 34 Jahre sind, einen deutlichen Lebensbezug zur Stadt Mainz haben, bisher nur wenige Veröffentlichungen vorweisen können und deren Teste eine sprachliche und/oder inhaltliche Innovation darstellen.
Was muss ich einreichen? Maximal 10 Normseiten Text in je drei Kopien unter Kennwort. Die Auflösung ist der Einsendung in einem gesonderten Umschlag (auf einem Zettel mit Name, Anschrift, Telefonnummer, Kurzbiografie und den ersten drei Worten der einzelnen Texte) beizufügen.
Wie oft wird er verliehen? Jedes ungerade Kalenderjahr
Wann ist der Einsendeschluss? Anfang September
Was gibt es zu gewinnen? 2500 €
An wen muss ich mich wenden? LiteraturBüro eV., Dalberger Hof, Klarastr. 4, 55116 Mainz.

Wolfener Literaturpreis
Wer kann teilnehmen? Jeder
Was muss ich einreichen? Unveröffentlichte Kurzgeschichten von maximal vier Normseiten in je sechs Kopien.
Wie oft wird er verliehen? Alle zwei Jahre
Wann ist der Einsendeschluss? 31. Dezember 2002 für die Verleihung Juni 2003
Was gibt es zu gewinnen? 1000 €
An wen muss ich mich wenden? Sachgebiet Kultur der Stadt Wolfen, Städtisches Kulturhaus, Puschkinplatz, 06766 Wolfen, Tel. 03494/635166, Fax. 03494/635150.

Deutscher Literaturfonds e.V.
Wer kann teilnehmen? Jeder. Der Literaturfonds fördert anspruchsvolle literarische Vorhaben mit einem Stipendium, durch das man jeden Monat eine bestimmte Summe bekommt.
Was muss ich einreichen? Formlosen Antrag und Textprobe.
Wie oft wird es verliehen? Jährlich
Wann ist der Einsendeschluss? Ende Mai und Ende Oktober
Was gibt es zu gewinnen? Mehrere Stipendien bei denen man jeweils 1500 Euro im Monat (maximal ein Jahr lang) bekommt.
An wen muss ich mich wenden? Deutscher Literaturfonds, Alexandraweg 23, 64287 Darmstadt, Tel. 06151/40930, Fax. 06151/409333, www.deutscher-literaturfonds.de

Wie organisiere ich mir eine Lesung?

Seine Texte »live« zu lesen ist ein ganz besonderes Erlebnis, denn als Autor bekommt man sein Publikum sonst ja nur selten zu Gesicht. »Zunächst hatte ich total Muffensausen«, erinnert sich Andy Green an seine erste Lesung, als er gerade 18 war. »Ich sollte meine Texte bei der Endausscheidung eines Wettbewerbs lesen, auf einem Fest mit bayerischer Gemütlichkeit in der Kreisstadt. Es waren ungefähr noch ein Dutzend Autoren dabei, die alle älter waren. Angst hatte ich bis zu dem Moment, wo es richtig losging. Dann habe ich es sehr genossen, dass so viele Leute mir zuhörten. Ich habe dann auch den 2. Preis gewonnen.«

Meist fängt man klein an: Vielleicht ergibt sich ja eine Gelegenheit, ein paar deiner Sachen vorzutragen, wenn ein paar Freunde und Bekannte bei dir zu Besuch sind. Das ist eine gute Übung, denn Lampenfieber gehört natürlich dazu, und es ist gar nicht so einfach, trotzdem gut betont und im richtigen Tempo zu lesen!

Wenn du diese Lesungen gut überstanden hast, kannst du dich ja mal in einen Poetry Slam wagen. Das sind Veranstaltungen (meist in Kneipen), bei denen jeder vors Mikrofon treten und Texte lesen darf, der an dem Abend erscheint und sich in eine Liste eingetragen hat. Jeder Autor hat acht bis zehn Minuten Zeit, um seine Geschichten oder Gedichte zu präsentieren; meist kommen an einem Abend um die zehn Leute dran. Manchmal gibt es sogar einen Preis zu gewinnen, ein Essen oder ein T-Shirt oder etwas in der Art. Solche Slams können sehr lustig sein, die Stimmung ist super, es wird viel gegrölt, geklatscht und gelacht. Klar, dass in so einer Atmo-

sphäre witzige Storys oder schräge Lyrik am besten ankommen.

Slams finden meist in größeren Städten statt. Aber auch wenn du in einem kleineren Ort lebst, findest du Gelegenheit zu kleinen Lesungen, wenn du die Augen offen hältst. Zum Beispiel

- in der Schule, z. B. auf der Weihnachtsfeier
- in deinem Club/Verein, wenn der Text vom Thema her passt
- bei Feiern deiner Verwandtschaft
- in Bibliotheken
- in deiner Kirchengemeinde
- in deiner Stammbuchhandlung (wenn sie nicht zu groß und anonym ist)
- dem örtlichen Literaturbüro (schau mal im Telefonbuch nach)

Wenn man sich für eine Lesung bewirbt, geht man zu der Person, die dafür zuständig ist – zum Beispiel der Bibliothekarin, die sich um die Jugendbuch-Abteilung kümmert. Dann schilderst du deine Idee und gibst ihr einige deiner besten Texte, damit sie sich einen Eindruck davon machen kann, was du so schreibst. Sei nicht enttäuscht, wenn es nicht klappt, es haben eben nicht alle Leute ein »offenes Ohr« für Literatur.

Am leichtesten ist es, eine Lesung zu organisieren, wenn man sich mit ein paar anderen jungen Autoren zusammenschließt und als Gruppe auftritt. Vielleicht kennst du ein paar Leute von der Schülerzeitung oder aus deiner Klasse, die auch Geschichten oder Gedichte schreiben und Lust hätten, mitzumachen? Am besten funktionieren solche Auftritte, wenn ihr ein

richtiges Konzept macht und euch ein Motto überlegt. Das Thema der Lesung und die Texte sollten zu der Umgebung und dem Publikum passen, vor dem ihr lesen wollt. Je spannender das Motto und je fantasievoller euer Auftritt ist, desto mehr Spaß haben auch die Zuhörer. Zum Beispiel könntet ihr eine Lesung unter das Thema »Drachen« stellen. Dann könntet ihr den Raum mit gebastelten und gemalten Monstern schmücken, dazu passende Texte schreiben oder aus älteren Manuskripten lesen, die zum Thema passen. Vielleicht serviert ihr ja auch noch Plätzchen in Drachenform und ungewöhnliche Mixgetränke mit drachigen Fantasienamen? Schreckeffekte und der Auftritt eines »echten« Monsters könnten dem Abend dann den ultimativen Kick geben. Ein solches Konzept gehört zu eurer »Bewerbung«, wenn ihr euch eine Lesung verschaffen wollt.

Leider haben nur Autoren, die schon ein Buch veröffentlicht haben und schon ein bisschen bekannt sind, auch für Fremde »Zugkraft«. Am besten ihr verteilt Einladungskarten an alle Leute, die ihr kennt, und macht ein paar schön gestaltete Zettel oder Plakate, die ihr am schwarzen Brett aufhängen könnt. Eine gute Chance, an eine Lesung zu kommen – eine kurze wenigstens – bieten Literaturtelefone. Es gibt sie in den meisten Städten, es ist ein Telefonservice wie die Zeit- oder Lottozahlenansage. Wer Lust auf Literatur hat, wählt die Nummer und hört sich eine Kurzlesung auf Tonband an. Bewirb dich doch mal für so was, normalerweise besteht nicht viel Konkurrenz von anderen Autoren. Nähere Auskunft kann dir meist das Kulturreferat der Stadtverwaltung geben (findest du im Telefonbuch).

Als Übung vor der Lesung sollte man sich den eigenen Text selbst vier- bis fünfmal laut vortragen. Wenn du checken willst, ob du langsam genug liest und gut betonst, kannst du diese Generalprobe ja mal auf Tonband aufnehmen. Du wirst überrascht sein, wie viel einem dabei auffällt.

BUCHTIPPS

 Sylvia Englert, *So finden Sie einen Verlag für Ihr Manuskript. Schritt für Schritt zur eigenen Veröffentlichung.* Frankfurt am Main, 5. Auflage 2003, 269 Seiten, 15,90 €

Das Buch widmet sich speziell den Themen Veröffentlichen, Zusammenarbeit mit dem Verlag, Zeitschriften, Preisen, Lesungen, Workshops, Autorengruppen und Verbände.

 Deutsches Jahrbuch für Autoren

Erscheint jedes Jahr neu. Umfang und Preis sind unterschiedlich, die Ausgabe 2002/03 hat zum Beispiel 640 Seiten und kostet 19,90 €. Enthält wechselnde Beiträge, Berichte, Daten, Storys und Adressen, u. a. ein Verlagsverzeichnis. Themen/ Rubriken: Schreiben, Drehbuch, Hörspiel, Theater, Autoren, Übersetzer, Literaturförderung, Buchmarkt, Verlagssuche, Recht, Pseudoverlage, Kleinverlag, Electronic Publishing. Man kann es entweder beim Buchhandel bestellen oder direkt beim Autorenhaus-Verlag, Karmeliterweg 116, 13465 Berlin, Tel. 030/40103090, E-Mail: autoren@autorinnen.de, www.autorinnen.de.

9. Wie kann ich das Schreiben zum Beruf machen?

»Ich würde niemandem Mut machen, das Schreiben zu seinem Beruf zu machen. Den Mut muss man selbst haben. Man muss es unbedingt wollen und vom Akt des Schreibens ganz stark fasziniert sein. Wenn man es nicht unbedingt will und nur so mittelmäßig fasziniert ist, dann lässt man es besser«, meint der Autor Dieter Bongartz. »Für mich ist Schreiben wie ein Fluch, manchmal hat es etwas vom Paradies, manchmal zeigt es aber auch ein Stück aus der Hölle, eine einsame Hölle.«

Finde also als Erstes heraus, was du wirklich willst. In diesem Kapitel bekommst du Informationen darüber, was in einem »schreibenden Beruf« auf dich zukommen könnte. Das hilft

dir vielleicht bei der Entscheidung. Für alle vorgestellten Berufe gilt: Du solltest so früh wie möglich, am besten noch während der Schule und unbedingt während des Studiums, Praxiserfahrung in deinem Wunschberuf sammeln. Das geht über Praktika und freie Mitarbeit. Du lernst nicht nur viel dabei, du zeigst deinem späteren Arbeitgeber, dass du Eigeninitiative und Interesse an deinem Job hast. Außerdem ist es ein guter Praxistest: Wenn dir ein Beruf doch nicht so gut gefällt, kannst du das durch ein Praktikum feststellen, ohne später Zeit durch einen Studienfach- oder Berufswechsel zu vergeuden.

Gibt es eine Ausbildung für Schriftsteller?
Eine richtige Ausbildung zum Autor gibt es eigentlich nicht. Jeder, der gut schreiben kann, hat eine Chance. Ein Studium – zu was für einem Thema ist eigentlich egal – ist zwar zu empfehlen, aber es muss nicht unbedingt ein Literaturstudium sein. »Ich rate von Germanistik ab, weil es unter Umständen dem Schreiben schadet. Man neigt dann dazu, beim Schreiben den Satz zu zerpflücken. Oder man schreibt nur noch für Germanisten«, gibt Martin Ohrt, Leiter der Jugend-Literatur-Werkstatt Graz, zu bedenken.
Viel entscheidender ist die Lebenserfahrung. Denn man schreibt immer besser über Dinge, die man selbst kennt und erlebt hat. Wenn man in einer sehr kleinen Welt lebt und nicht sehr viele verschiedene Menschen kennen gelernt hat, muss man seine Fantasie schon sehr strapazieren.
In Amerika gibt es richtige Studiengänge (»*Creative writing*«) für angehende Autoren, in Deutschland dagegen kümmert sich nur das Deutsche Literaturinstitut Leipzig um Dichter-

nachwuchs. Dort halten mehrere bekannte Autoren Kurse ab, in denen Grundlagen gelehrt werden. Außerdem werden die eigenen Texte der Studenten und Studentinnen in Workshops diskutiert. Das Studium dauert sechs Semester, also drei Jahre, danach hat man das »Diplom des Deutschen Literaturinstituts Leipzig«. 40 Studierende werden jedes Jahr aufgenommen. Man muss sich mit einer Arbeitsprobe bewerben und eine Eignungsprüfung bestehen. Wenn du's nach dem Abitur mal versuchen willst, hier kannst du dich bewerben:

Deutsches Literaturinstitut Leipzig
Universität Leipzig
Wächterstr. 34
04107 Leipzig
Tel. 03 41 / 9 73 03 00, Fax. 03 41 / 9 73 03 19
E-Mail: dll@www.uni-leipzig.de, www.uni-leipzig.de / ~dll /

Seit dem Wintersemester 99/2000 bietet die Universität Hildesheim eine ähnliche Ausbildung für Schriftsteller an, den neunsemestrigen Studiengang ›Kreatives Schreiben und Kulturjournalismus‹. Zehn Plätze stehen zu jedem Wintersemester zur Verfügung; auch hier ist eine Eignungsprüfung Pflicht.

Universität Hildesheim
Marienburger Platz 22
31141 Hildesheim
Tel. 0 51 21 / 8 83 – 6 57
E-Mail: ortheil@rz.uni-hildesheim.de
www.uni-hildesheim.de

Wenn du Drehbuchautor oder -autorin werden möchtest, dann hast du noch einige Möglichkeiten mehr. Die Drehbuchwerkstatt München (drehbuchwerkstatt.de) bietet eine Ausbildung über ein Jahr. Mehrjährige Studiengänge gibt es an der Filmakademie Baden-Württemberg GmbH in Ludwigsburg, an der Hochschule für Film und Fernsehen »Konrad Wolf« in Potsdam und an der DFFB-Drehbuchakademie in Berlin. Einen Aufbaustudiengang »Film« (Aufbaustudiengang heißt, dass du vorher schon einen Studienabschluss machen musst, um hier teilnehmen zu können) bietet die Universität Hamburg an. Nähere Informationen zu diesen Ausbildungsmöglichkeiten kannst du dir beim Verband Deutscher Drehbuchautoren e.V. holen (www.drehbuchautoren.de), Adresse siehe S. 105.

Dass es alles in allem so wenige Ausbildungsmöglichkeiten für Schriftsteller gibt, bedeutet leider nicht, dass einem Dichter die Lehrzeit erspart bleibt. Meist muss man viele Jahre lang an seinem Stil arbeiten, bis man »veröffentlichungsreif« schreibt. Nützlich sind auch die Kurse, die ich auf S. 130 aufgeführt habe. Dort bekommst du das nötige Handwerkszeug mit, das du als Autor brauchst.

Nicht zu empfehlen ist dagegen die Ausbildung per Fernlehrgang. Mit Slogans wie »Erfolgreich Schreiben« oder »Verwirklichen Sie Ihren Traum« wollen die Anbieter Interessenten anlocken, aber viele Fachleute und ehemalige Teilnehmer beurteilen diese Kurse kritisch. Für viel Geld bekommt man von den Akademien schulbuchartige Lehrhefte und Aufgaben, die man an die Zentrale einschickt und mit einem Kommentar und Korrekturen zurückbekommt. Es ist also eine

Art Deutschunterricht mit anderem Vorzeichen. Zwar kann man auf diese Weise Grundlagen lernen, aber ohne intensive Betreuung (die man von solchen Akademien leider selten bekommt, obwohl sie sie natürlich versprechen) kann man dieses Wissen nur schwer umsetzen. Viel besser ist es, wenn du deine Texte in einer Schreibgruppe mit anderen diskutieren kannst und sofort merkst, wie die Geschichte oder das Gedicht auf andere wirkt. Die reine Theorie kannst du dir aus einem Buch über Kreatives Schreiben (siehe S. 45) wesentlich billiger anlesen.

Kann man als Autor oder Autorin vom Schreiben leben?
Leider schaffen das nur wenige Menschen. Es ist schon recht schwierig, einen Text zu veröffentlichen. Wenn man Glück hat und auch noch Honorar dafür bekommt, dann ist es meist nicht gerade viel, wenn man davon die Miete und die Telefonrechnung bezahlen, Essen und Klamotten kaufen muss. Das ist natürlich bitter, wenn man vergleicht, wie viel Zeit und Arbeit man in so ein Manuskript gesteckt hat. Eine Putzfrau bekommt einen besseren Stundenlohn. Deshalb haben die meisten Schriftsteller eine praktische Lösung gefunden: Sie lernen irgendeinen Beruf – eventuell sogar im Medien-Bereich – der sie ernährt (deshalb nennt man ihn auch »Brotberuf«) und schreiben in ihrer freien Zeit. Herman Melville, dessen »Moby Dick« sich zuerst überhaupt nicht gut verkaufte, arbeitete als Zollinspektor im New Yorker Hafen. Bernhard Schlink, der mit »Der Vorleser« einen Welterfolg hatte, ist Jurist und arbeitet als Richter des Verfassungsgerichtshofs von Nordrhein-Westfalen. Für manche Autoren mit

einem Brotberuf ist das Schreiben ein Hobby, zuweilen verstehen sie es aber auch als Nebenberuf. Diese Lösung hat den Vorteil, dass man nicht den scheußlichen Druck hat, um jeden Preis etwas veröffentlichen und möglichst viel Geld dafür bekommen zu müssen. Auf Dauer kann einem das den Spaß am Schreiben ganz schön verderben.

Aber ganz so düster ist das Bild dann auch wieder nicht. Es gibt einige Leute, die es schaffen, sich vom Schreiben recht gut zu ernähren. Das funktioniert so:

a) Du schreibst einen Bestseller. Allerdings gelingt das nur wenigen – die jungen Autoren Zoë Jenny (*Das Blütenstaubzimmer*) oder Benjamin Lebert (*Crazy*) haben es geschafft. Ein Buch, was sich wirklich gut verkauft, bringt seinem Autor zwischen 25 000 € und einer halben Million ein.

b) Du schreibst so gut und anspruchsvoll, dass dir ständig Preise und Stipendien verliehen werden, auch wenn deine Bücher dir kaum Geld einbringen.

c) Du schreibst alles Mögliche, nicht nur das, was du gerne schreiben möchtest, hältst außerdem Lesungen oder Seminare ab, und kannst auf diese Weise meistens deine Miete zahlen. Das nennt sich dann »freier Autor«, weil du bei keiner Firma angestellt bist.

Möglichkeit b) ist ziemlich anstrengend, weil man sich ständig irgendwo bewerben muss. Außerdem ist es schon nicht so einfach, *einen* Preis zu gewinnen; von mehreren können die meisten Autoren nur träumen. Außerdem muss man für viele Stipendien für ein paar Monate in die jeweilige Stadt ziehen, die einem das Geld gibt; dort bekommt man eine Wohnung und ein Taschengeld von etwa 500 – 1000 €.

Die dritte Möglichkeit hat zum Beispiel Katja Brandis gewählt: Sie veröffentlicht Sachbücher und den einen oder anderen Roman, schreibt aber auch Artikel in Zeitungen und
Zeitschriften und betreut als Lektorin Buchprojekte. Ab und
zu verfasst sie einen Text im Auftrag eines Unternehmens,
zum Beispiel Vorschautexte für Verlage. Mit Übersetzungen
hat sich die Kinder- und Jugendbuchautorin Mirjam Pressler
finanziell ein »zweites Standbein« geschaffen. Andy Green
lebte sogar schon während seines Studiums vom Schreiben,
er verkaufte regelmäßig Kurzkrimis an Illustrierte und schrieb
Heftromane, bevor er zu den Filmbüchern überging. »Ich
bekomme eine Drehbuchvorlage, an der ich mich orientieren kann, und habe zwei bis vier Wochen Zeit pro Buch«,
berichtet er von seiner Arbeit. »Da ich meist unter Pseudonym schreibe, habe ich schon so viele verschiedene
Künstlernamen, dass ich sie mir gar nicht mehr alle merken
kann.«
Solange man nicht Dinge schreiben muss, die man aus tiefs-
tem Herzen verabscheut, funktioniert diese Regelung ganz
gut. Anstrengend ist der Alltag eines freien Autors jedoch
schon, weil man sich immer selbst Aufträge verschaffen muss.
Wenn du viel arbeitest, verdienst du (wenn du Glück hast)
viel, wenn du nichts arbeitest, bekommst du nichts, auch kein
Arbeitslosengeld. Als Anfänger verdienst du als freier Autor
deutlich weniger als zum Beispiel ein fest angestellter Journalist, später, wenn du bekannter geworden bist und feste Ab-
nehmer für deine Texte hast, etwa genauso viel.
Was alle diese Autoren ohne Brotberuf gemeinsam haben: Sie
bestimmen selbst, wo und zu welchen Uhrzeiten sie arbeiten

wollen. Dazu braucht man natürlich ein bisschen Disziplin, weil einen niemand nach dem Motto »Mach jetzt deine Hausaufgaben!«, dazu bringt, seinen Roman oder Artikel weiterzuschreiben. Meist hat man jedoch Abgabetermine, die man einhalten muss, weil man sich sonst unbeliebt macht.

Wie wird man Journalist / in?

Zwar gibt es auch für Journalisten keine geregelte Ausbildung und jeder kann sich Journalist nennen, der ab und zu für eine Zeitung, eine Zeitschrift, einen Radio- oder Fernsehsender schreibt. Aber es ist für einen Journalisten kaum noch möglich, ohne ein Studium oder eine Ausbildung in einer Journalistenschule einen Job zu finden. Was du machst, ist eigentlich egal, du kannst genauso gut Anglistik studieren wie Jura, Politologie oder Biologie. Nicht zu empfehlen ist ein Studium der Publizistik oder Journalistik. Denn damit stopfst du dir den Kopf mit Medientheorie voll, ohne durch dein Studium ein besonderes Fachgebiet zu haben, für das du bei der Zeitung Experte oder Expertin bist.

Nach dem Studium musst du dir ein Volontariat suchen, das ist eine ein- bis zweijährige »Lehrlingsstelle« bei einer Zeitung, einer Zeitschrift oder einem Sender. Danach kannst du als Redakteur oder als Reporter arbeiten. Ein Redakteur betreut eine oder mehrere Seiten in einer Zeitung oder eigene Sendungen. Er schreibt Texte, denkt sich Themen aus, beauftragt Autoren, bearbeitet die Beiträge, die er von den Autoren oder Agenturen bekommt, textet Überschriften und macht das Layout seiner Seiten. Ein Reporter schreibt Artikel zu bestimmten Themen und ist dafür viel unterwegs, um Interviews

zu führen, und viel am Telefon. Er wird ausgeschickt, wenn sich jemand die Situation vor Ort anschauen soll, um darüber zu berichten.

Nach dem Abitur oder nach einem Studium sind auch Journalistenschulen sehr zu empfehlen. Es gibt sie zum Beispiel in München und in Hamburg. Dort lernt man in einer etwa eineinhalbjährigen, sehr praxisnahen Ausbildung, wie man Nachrichten, Kommentare, Reportagen und so weiter schreibt. Dazu gehören auch mehrere Praktika bei verschiedenen Medien. Absolventen dieser Schulen sind heiß begehrt und finden gewöhnlich sofort eine Stelle. Leider ist es alles andere als einfach, in eine solche Schule aufgenommen zu werden, weil sich buchstäblich Tausende von Leuten um die wenigen Plätze bewerben. Man muss sich mit ein oder zwei Artikeln zu vorgeschriebenen Themen bewerben und wird dann zu einem Eignungstest eingeladen. Aber lass dich davon nicht abschrecken – wenn du wirklich leidenschaftlich gern Journalist oder Journalistin werden willst, kannst du es schaffen! Einige der wichtigsten Journalistenschulen sind:

Kölner Schule – Institut für Publizistik e.V.
Im MediaPark 6
50670 Köln
Tel. 02 21 / 5 74 32 44
E-Mail: koelnerjournalistenschule@komed.de,
www.koelnerjournalistenschule.de
(Speziell für angehende Wirtschaftsjournalisten; Abitur ist Voraussetzung.)

Deutsche Journalistenschule
Altheimer Eck 3
80331 München
Tel. 089/2355740
E-Mail: post@djs-online.de, www.djs-online.de
(Voraussetzung ist Abitur)

Henri-Nannen-Schule
Schaarsteinweg 14
20444 Hamburg
Tel. 040/3703–2376
E-Mail: hns@guj.de, www.journalistenschule.de
(Die Hälfte der Leute, die aufgenommen werden, sollten einen Studienabschluss haben, die andere Hälfte braucht keine bestimmte Vorbildung, nicht mal Abitur ist vorgeschrieben.)

Als fest angestellter Journalist muss man meist zu ungewöhnlichen Zeiten arbeiten und hat immer viel zu tun, oft auch unter Zeitdruck, aber langweilig ist der Job selten. Wenn du ausprobieren möchtest, ob er dir Spaß machen würde, dann bewirb dich doch einfach mal bei den Lokalzeitungen im Umkreis um einen Praktikumsplatz. Überlege dir vorher, welcher Bereich (»Ressort« nennt der Fachmann sie) dich am meisten interessiert – Lokales, Sport, Feuilleton (Kultur), Wirtschaft oder Politik.
Dabei reicht es meist nicht, einfach nur eine Bewerbung hinzuschicken. Oft wirkt es besser, wenn du ganz frech mit ein paar deiner Arbeitsproben und einem kurzen Lebenslauf in der Redaktion vorbeigehst und dich vorstellst. Aber Achtung!

Am Nachmittag stehen Journalisten meist unter Stress, weil sie dann »Redaktionsschluss« haben. Anrufen oder vorbeigehen solltest du daher immer am Vormittag oder frühen Nachmittag. »Man kann auch den Fuß in die Tür bekommen, indem man sich ein Thema ausdenkt, möglichst originell natürlich, und den Artikel dann anbietet. So bekommt man als ›freier Mitarbeiter‹, der hin und wieder Beiträge schreibt und von der Redaktion zu Veranstaltungen geschickt wird, einen Fuß in die Tür«, rät der freie Journalist Peter Felixberger, der vor allem für die *Süddeutsche Zeitung* schreibt. »Wenn man gerne fotografiert, dann ist das umso besser, weil man dann gleich Fotos zum Artikel mitliefern kann.«
Wenn du eventuell Journalist bzw. Journalistin werden willst, dann solltest du jetzt schon anfangen, dich bei der Schülerzeitung zu engagieren. Dort bekommst du die wichtigsten Fachbegriffe mit, kannst dein zukünftiges Handwerk üben und außerdem Kontakte knüpfen.

Wie wird man Lektor / in?
Lektoren sind die Leute, die in Verlagen für Buchprojekte zuständig sind. Manchmal werden sie heute auch »Projektmanager« oder »Redakteure« genannt. Sie brüten Ideen für neue Bücher aus, prüfen Angebote ausländischer Verlage und eingesandte Manuskripte, suchen Autoren und nehmen sie unter Vertrag, betreuen diese Autoren und überarbeiten mit ihnen gemeinsam den Text. Wenn das Manuskript fertig ist, organisieren sie alles, was mit diesem Buch zu tun hat – schreiben Vorschau- und Klappentexte, sprechen Werbemaßnahmen ab, arbeiten mit der Herstellungsabteilung zusammen, lassen

die Druckfahnen korrekturlesen, geben ein Register in Auftrag und vieles mehr. Zwar kommt das Wort »Lektor« vom lateinischen Wort »Leser« oder »Vorleser«, aber die meiste Zeit verbringt ein Lektor heutzutage nicht mehr mit Lesen oder mit der Arbeit an Texten, sondern mit Organisieren: Beim Büchermachen gibt es schließlich reichlich Termine zu halten, damit das Werk pünktlich erscheinen kann. Das Korrekturlesen und Redigieren (das stilistische Überarbeiten eines Textes), wird oft auch von einem Redakteur oder freien Lektor erledigt, der nicht fest vom Verlag angestellt ist. Ein solcher freier Lektor arbeitet entweder daheim, oder er sitzt mit mehreren anderen Leuten in einem Verlags- oder Redaktionsbüro. Dort kümmert er sich im Auftrag eines Verlages um bestimmte Buchprojekte.

Verlage beschäftigen immer weniger fest angestellte Lektoren. Dadurch stapeln sich auf deren Schreibtischen meist die Arbeit und die Manuskripte. Auch freie Lektoren haben es nicht ganz leicht, denn sie müssen sich ständig Aufträge verschaffen und sind nicht über ein festes Gehalt abgesichert. Aber das Schöne an dem Beruf ist, dass man nach einem halben Jahr Arbeit einen Stapel Bücher im Regal stehen hat, die man von Anfang an betreut und verwirklicht hat. Da kann man schon ein bisschen stolz sein!

Wenn du Lektor oder Lektorin werden und du dich auf Literatur spezialisieren willst, solltest du Germanistik, Anglistik, Romanistik oder etwas Ähnliches studieren. Wenn du dich besonders für den Bereich Sachbuch interessierst, solltest du ungefähr das Fach belegen, in dem du später auch Bücher lektorieren willst – von Politologie bis hin zu Betriebswirt-

schaft oder Chemie. In den Bereich Kinderbuch kommst du am besten mit einem Germanistik- oder einem Lehramts-Studium (die Fächer sind dabei nicht so wichtig). Ganz wichtig ist, dass du noch während des Studiums in einen Verlag »hineinschnupperst«, dir also ein Praktikum oder noch besser mehrere verschaffst. Dadurch bekommst du Kontakte, über die du später vielleicht einen Job findest, und übst dich in den Aufgaben, die einmal auf dich zukommen werden.

Nach dem Studium macht man meist ein »Volontariat«, also eine Lehrzeit, die ein bis zwei Jahre dauert. Danach wirst du »Lektoratsassistent(in)«, hilfst also einem Lektor bei seiner Arbeit und betreust selbst schon eigene Buchprojekte. Nach einigen Jahren kannst du dich dann »Lektor« nennen.

Wie wird man Dramaturg / in?

Der Dramaturg hat im Theater eine ähnliche Funktion wie der Lektor in einem Verlag. Er stellt den Spielplan zusammen, sucht unter den vielen Einsendungen, die er bekommt, nach guten neuen Stücken und Autoren. Anschließend gestaltet er das Programmheft und gibt dem Publikum Einführungen zu den Stücken. Auch bei Theaterverlagen, in Rundfunkanstalten und in Film-Produktionsfirmen findet man Dramaturgen. Eine Ausbildung für diesen Beruf gibt es eigentlich nicht, aber die meisten dieser Leute haben Theaterwissenschaft oder Germanistik studiert und danach ein Volontariat bei einem Sender oder in einem Theater gemacht. Wenn du dich für diesen Beruf interessierst, dann solltest du in ein Theater in deinem Ort oder in deiner Stadt gehen und dich mit dem Dramaturgen unterhalten – er kann dir sicher eine Menge Tipps geben.

Wie wird man Texter / in oder PR-Experte / -Expertin?

Wenn du nicht nur gerne schreibst, sondern auch vor Einfällen übersprudelst, dann solltest du überlegen, ob du nicht Texter werden willst. Hinter Spots im Fernsehen und Anzeigen in Zeitschriften stecken Leute in Werbe- bzw. Kreativagenturen, die sich den Kopf darüber zerbrochen haben, wie man die »Botschaft« des Produkts am besten unter die Leute bringen kann. Dabei arbeitet man mit Grafikern und Marketingleuten zusammen. Hat man eine besonders witzige Lösung gefunden, die man später in Hunderten von Anzeigen verbreitet sieht, oder sogar einen Slogan wie »Nicht immer, aber immer öfter« geprägt, ist das sicher ein ganz besonderes Erlebnis. Eine geregelte Ausbildung zum Texter gibt es nicht; viele dieser Menschen sind aus ganz anderen kreativen Jobs (meist mit Studium) in diesen Beruf »hineingerutscht«. Man lernt, was man dafür wissen muss, in der Praxis. Auch hier führt der Weg über das Praktikum in einer Agentur – schau doch einfach mal in den Gelben Seiten nach und bewirb dich! Vorher solltest du dich darüber informieren (per Internet und telefonisch) was die Agentur genau macht.

Wenn du gerne schreibst, aber auch organisieren kannst, kontaktfreudig bist und dich gut ausdrücken kannst, dann könntest du auch im Bereich »Publicrelations« (PR) oder als Pressereferent / in arbeiten. Dafür werden immer Leute gesucht, denn in allen größeren Firmen gibt es Abteilungen, die sich darum kümmern, wie eine Firma sich in der Öffentlichkeit darstellt. Dort werden Pressemitteilungen geschrieben, Veranstaltungen (zum Beispiel Pressekonferenzen) organisiert, Fotos in Auftrag gegeben, Informationen über die Firma an die Medien gegeben und vieles mehr. Oft bist du als Pressereferent auch für die Firmenzeitschrift verantwortlich. Deine »Gesprächspartner« sind vor allem Journalisten – mit ihnen musst du den Kontakt pflegen, damit die Firma möglichst oft und möglichst positiv in der Zeitung ist.

BUCHTIPP Sylvia Englert, *Medienmacher. Nachrichten, Soaps und Online-Magazine*, Ellermann, Hamburg 2002, 189 Seiten, 12,90 €

Wie sieht die tägliche Arbeit eines Redakteurs aus, wie entsteht ein Fernsehmagazin, mit welchen Problemen hat eine Radiomoderatorin zu kämpfen, wie geht ein Kriegsberichterstatter mit seiner Angst um? In Berichten und Interviews erfährst du mehr darüber, wie es bei den Medien hinter den Kulissen zugeht. Kleine »Zeitreisen« schlagen in jedem Kapitel die Brücke zur Geschichte. Der umfangreiche Ratgeberteil gibt praktische Tipps, wie du selbst zum Beispiel Fernseh- oder Radioerfahrung sammeln kannst und den Einstieg in den Traumberuf Journalist schaffst.

Glossar: Fachbegriffe kurz erklärt

Akt Theaterstücke sind entweder »Einakter«, also kürzere Stücke, oder von abendfüllender Länge und in drei oder mehr größere Teile, die Akte, gegliedert. Zwischen ihnen fällt meist der Vorhang, manchmal gibt es eine Pause. Auch Drehbücher haben häufig eine mehraktige Struktur, aber hier ist sie »unsichtbar«, das heißt es steht nicht im Manuskript, welcher Akt gerade dran ist.

Allegorie Traditionsreiche literarische Methode, bei der etwas Abstraktes – eine Idee oder ein Konzept – von einer Person, einem Tier oder einem Objekt verkörpert wird. Beispiel: Justitia mit ihrer Waage als Verkörperung der Justiz/Gerechtigkeit.

Alliteration Überdurchschnittlich viele Wörter mit dem gleichen Anfangsbuchstaben in einem Satz – das ist ein literarischer Kunstgriff. (»Bei Wind und Wetter waltet er wacker seines Amtes.«)

Assoziationen Gedankenverknüpfungen zwischen verschiedenen Dingen. So wie du an »Kälte« denkst, wenn du »Winter« hörst.

Anthologie Sammlung von Geschichten oder Gedichten verschiedener Autoren – meist mit gemeinsamem Thema.

Backlist Wenn die neuen Bücher eines Verlages nicht

mehr so neu sind, rücken sie in den Hintergrund. Dann bilden sie wie alle älteren, aber noch lieferbaren Bücher des Verlages die »Backlist« des Verlages. Will keiner sie mehr haben, sind sie irgendwann nicht mehr lieferbar, also »vergriffen«.

Ballade Langes Gedicht, das meist ein dramatisches Ereignis erzählt.

Barsortiment Sozusagen die »Zwischenhändler« oder »Großhändler« der Buchwelt. Sie kaufen Bücher von den Verlagen und geben sie dann bei Bedarf sehr schnell an den Buchhandel weiter. Der bekommt dafür etwas weniger Rabatt, als wenn er sie beim Verlag direkt bestellt, aber dafür ist das Buch am nächsten Tag da.

Blocksatz Der Computer oder der Setzer füllt die Zeilen automatisch mit Leerzeichen auf, sodass das Schriftbild nicht auf einer Seite »ausfranst«, sondern vom linken bis zum rechten Rand reicht. Dieser Text ist in Blocksatz gesetzt. Das Gegenteil nennt man Flattersatz, der dann rechts- bzw. linksbündig ist, also entweder auf der rechten oder der linken Seite glatt abschließt und auf der anderen Seite ausfranst.

Book on demand Relativ neue Methode, ein Buch in kleinen Auflagen nach Bedarf zu drucken (siehe www.bod.de). Man stellt genau so viele Exemplare her, wie bestellt werden, nicht wie sonst üblich eine größere Menge Exemplare auf einmal, die man dann mühsam nach und nach verkauft und in der Zwischenzeit irgendwo lagern muss.

Bibliografie Meistens ist damit die Liste der Veröffentlichungen eines Autors gemeint. So heißt aber auch ein Überblick, was für Bücher es zu einem bestimmten Thema gibt.

Buchpreisbindung Benzin hat an jeder Tankstelle einen anderen Preis. Bücher kosten (bisher noch) überall das Gleiche. Das soll verhindern, dass Buchkaufhäuser und Supermärkte kleinen Buchhandlungen mit Niedrigpreisen die Kunden wegnehmen.

Charaktere / Figuren Erfundene Menschen in einer Geschichte oder einem Gedicht.

Copyright Nennt man das Recht, ein Werk zu nutzen. Gehört mit zum Urheberrecht, dem geistigen Eigentum an einem Werk. In Deutschland entsteht es automatisch, wenn man einen Text schreibt, man braucht sein Werk nicht wie in den USA registrieren zu lassen. Aber es ist trotzdem sinnvoll, einen Copyright-Vermerk einzufügen (siehe S. 202)

Cover Titelbild eines Buches oder einer Zeitschrift.

Creative Writing Die handwerkliche Kunst des literarischen Schreibens – in Amerika wird das sogar an der Universität unterrichtet, in Deutschland selten. Hierzulande findet man »Kreatives Schreiben« vor allem an den Volkshochschulen.

Desktop-Publishing	Gestaltung eines Buches am Computer mit Hilfe von Textverarbeitungs- oder speziellen Layout- und Bildbearbeitungsprogrammen.
Dialog	Wörtliche Rede in einem Text, also ein Gespräch zwischen zwei oder mehr Personen. Wenn nur eine Person spricht, nennt man das Monolog.
Dramaturgie	Wörtlich: Lehre von Form und Wirkung des Dramas, im übertragenen Sinn die Kunst, eine Handlung zu gestalten.
E-Book	Buch, das nicht gedruckt existiert, sondern nur elektronisch »veröffentlicht« worden ist. Man kann es sich – meist gegen Gebühr – per E-Mail zuschicken lassen oder auf CD-ROM bestellen.
Epilog	Nachwort, Schlussrede
Exposé	(Wird ausgesprochen »Exposee«) Wenige Seiten lange Erklärung, was für ein Buch man schreiben will. Gibt eine kurze Zusammenfassung des Inhalts (siehe S. 172)
Fahnen / Umbruch	Der Verlag bekommt vom Autor Manuskript und Diskette und kann nun den Text »setzen« lassen, ihm also in großen Computern sein endgültiges Erscheinungsbild geben. Dann wird das Ganze in Form von »Korrekturfahnen« oder auch dem so genannten »Umbruch« ausgedruckt. Jetzt sehen die Seiten schon fast so aus wie später im Buch, aber man kann noch Änderungen hineinkritzeln und Satzfehler beseitigen.

Fettdruck   So sieht »**fetter**« Text aus, im Gegensatz zu
normalem Text. In Englisch heißt es »bold«.

Flattersatz   Flattersatz nennt man es, wenn die Zeilen
eines Texts auf der Seite »ausfransen«, also
ungleichmäßig lang sind und nicht wie beim
Blocksatz mit Leerzeichen aufgefüllt werden.

Fragment   Unfertiger Text.

Genre   (Wird ausgesprochen wie der erste Teil des
Wortes *Chance* und dann »-re«). Thematische
Einordnungen für Bücher, zum Beispiel
»Krimi« oder »Science Fiction«.

Ghostwriter   Wenn berühmte Leute ein Buch schreiben,
dann verfassen sie es oft nicht selbst – manchmal können sie gar nicht gut genug schreiben.
Sie erzählen das, was sie zu sagen haben,
einem Ghostwriter. Der schreibt dann das
Buch. Sein Name taucht nirgends auf (außer
vielleicht in einem kleinen Vermerk »Unter
Mitarbeit von …«), und meist erfährt niemand,
dass er überhaupt an dem Buch mitgearbeitet
hat. Deshalb heißt er »Geisterschreiber«.

Haiku   (Wird ausgesprochen »*Hai-q*«) Alte japanische
Lyrikform, genaue Regeln siehe Seite 90 ff.

HTML   Programmiersprache des Internet. Braucht
man nicht lernen, es gibt gute Programme, bei
denen ein paar Mausklicks genügen, um Farbe
und Ausrichtung des Textes auf der Seite zu
steuern.

Hypertext   Ein Internet-Text, der Verknüpfungen enthält.

Wenn man sie anklickt, gelangt man auf eine andere Seite oder an einen anderen Ort im Netz. Hypertext kann auch Bilder und Töne enthalten, er ist sozusagen ein Stück »Multimedia«.

Impressum Wichtige Informationen zum Buch, meist auf der ersten Innenseite eines Buches oder ganz zum Schluss. Darin steht zum Beispiel wann und wo es gedruckt wurde, von wem das Titelbild stammt, wer das Copyright hat etc. In einer Zeitschrift gibt es Auskunft über Redaktionsadresse, Verantwortliche, etc.

Konkrete Poesie »Visuelle Lyrik«, ein Gedicht, das in seiner Form gleichzeitig das Thema zeigt: Zum Beispiel ein Gedicht über einen Apfel, bei dem die Worte so angeordnet sind, dass sie eine Apfelform bilden.

Kursiv Schräg gestellte Schrift *wie in diesem Beispiel.* Heißt auf Englisch »italic«.

Kurzvita → siehe Vita

Layout Aufbau und Gestaltung einer Manuskript-, Buch- oder Zeitschriftenseite (auf Deutsch »Umbruch«).

Lektor Derjenige, der im Verlag für ein bestimmtes Buch zuständig ist, alles organisiert, was damit zusammenhängt, und den Autor betreut.

Limerick Wahrscheinlich aus Irland stammende, humorvolle Lyrikform, die nach speziellen Regeln geschrieben wird (siehe S. 92).

Linksbündig   Dieser Text ist linksbündig, also auf die linke Seite ausgerichtet, im Gegensatz zu
rechtsbündigem Text oder zentriertem Text.

Lizenz   In diesem Fall nicht James Bonds Lizenz zum Töten. Ein Buch, das schon erschienen ist, aber als Zweitverwertung noch mal in einem anderen Verlag erscheint. Oft handelt es sich um ausländische Bücher, die von einem anderen Verleger gekauft, übersetzt und in Deutschland oder einem anderen Land als dem Ursprungland veröffentlicht worden ist. Es gibt aber auch Taschenbuchlizenzen (wenn das Buch zuerst in gebundener Ausgabe erschienen ist) oder Buchclub-Ausgaben.

Lyrik   Oberbegriff für alle Arten von Gedichten – vom Sonett über den freien Vers bis hin zum Haiku.

Manuskript   Ein Text in Rohform, in losen Blättern, so wie er vom Autor an den Verlag weitergegeben wird.

Mentor   Ein Erwachsener, der sich für das interessiert, was du machst, und dir hilft, dich weiterzuentwickeln, indem er dir Tipps und Rückmeldung zu deinen Texten gibt, dich fördert und ermutigt.

Metapher   Ein Sprach-Bild. Metaphern sind zum Beispiel »das Haupt der Familie« oder »das Licht der Wahrheit«.

Monolog   Wörtliche Rede, aber im Gegensatz zum Dialog spricht hier nur eine Person. Meist hält sie
eine Rede oder unterhält sich mit sich selbst.
Es gibt auch den »Inneren Monolog«, also die
Gedanken, die einer Person durch den Kopf
gehen und die der Autor aufgeschrieben hat,
als könnte er demjenigen ins Gehirn schauen.

Multimedia   Etwas, was mehrere Medien einbezieht: Bilder, Töne, Text etc.

Normseite   Eine normale Manuskriptseite, so wie man sie
zu Wettbewerben, Verlagen etc. einreichen
sollte. Sie hat etwa 1800 Anschläge, also
30 Zeilen x 60 Anschläge (Leerzeichen werden
mitgezählt). Genauere Infos findest du auf
Seite 168.

Novitäten   Neue Bücher, die gerade erst erschienen sind.
Zweimal im Jahr, im Herbst und im Frühjahr,
präsentieren die Verlage ihre Novitäten in
einer Vorschau.

Oxymoron   Gegensätzliche Begriffe, die verknüpft werden.
Z. B. »laute Stille«.

Performance Künstlerisch-ungewöhnlicher Auftritt/Darbie-
tung

Plagiat   Verwendung fremder Textstellen in unverän-
derter oder leicht veränderter Form, ohne die
Quelle zu nennen. Gibt es auch bei Grafiken
und Musikstücken.

Plot   Englisches Wort für »Handlung«, das sich auch
in der deutschen Sprache eingebürgert hat.

Plot point	Dramatische Wendepunkte zwischen den einzelnen Akten eines Drehbuchs
Poetry Slam	(Wird ausgesprochen »*Slem*«) »Wettlesen« von (Amateur-) Dichtern, die ihre eigenen Texte vor Publikum vortragen. Findet meist in Kneipen statt.
Pointe	(Wird ausgesprochen »*Poänte*«) Überraschende, oft witzige Wendung am Schluss eines Gedichts oder einer Geschichte.
Preisbindung	→ siehe Buchpreisbindung
Prolog	»Vorrede« eines Romans oder eines Theaterstücks.
Prosa	Texte, die keine Lyrik sind, also Kurzgeschichten, Romane und Erzählungen.
Protagonist	Hauptperson in einem Buch, Held bzw. Heldin.
Pseudonym	Künstlername eines Schriftstellers. Benutzt man, wenn einem der eigene Name nicht gefällt oder nicht zum Text zu passen scheint, aber auch, wenn die Öffentlichkeit nicht erfahren soll, dass man ein bestimmtes Buch geschrieben hat.
Recherche	Nachforschungen mit Hilfe von Interviews etc., Informationssuche in Archiven, Bibliotheken und im Internet.
Redigieren	Überarbeiten eines Textes, bei dem man Stil und Struktur verbessert (»das Redigieren« = »die Redaktion« = »der Redakteur«).
Redundanz	Überflüssiges, Wiederholungen im Text

Regisseur	Derjenige, der ein Stück oder einen Film »inszeniert«, das heißt nach einer schriftlichen Vorlage wie einem Drehbuch oder Theaterstück verwirklicht.
Remission	Mit Erlaubnis des Verlags kann ein Buchhändler Bücher, die er nicht verkauft hat, an den Verlag zurückgeben.
Ressort	(Wird ausgesprochen »*Ressor*«). Abteilung bzw. Bereich in einer Zeitung, z. B. Politik, Wirtschaft, Feuilleton/Kultur, Sport oder Lokales.
Setting	Schauplatz. Kommt aus der Sprache der Drehbuchschreiber.
Sketch	Kurzes, witziges »Minitheaterstück«.
Sonett	Eine alte Lyrikform, die aus genau 14 Zeilen besteht. Nähere Infos zum Aufbau findest du auf Seite 93/4.
Stereotyp	Figuren, die schon zum »Abziehbild« geworden sind – die dumme Blondine oder der coole Geheimagent zum Beispiel.
Symbol	Ein Bild, das einen tieferen Sinn hat und von einem Gegenstand selbst auf einen größeren Zusammenhang verweist. Beispiel: Das Kreuz ist ein Symbol für den christlichen Glauben.
Szene	Kleinste Einheit eines Drehbuchs, Theaterstücks oder Hörspiels. Jedes Mal, wenn der Schauplatz wechselt oder ein »Zeitsprung« stattfindet, beginnt eine neue Szene.
Titel	Kann einerseits der Name eines Werkes sein,

kann aber aus dem Mund von Buchhändlern und Verlagsleuten auch »Buch« bedeuten. (»Wie viel Titel habt ihr dieses Jahr herausgebracht?«)

Typoskript Kopierfertige Druckvorlagen von einem Manuskript. Der Autor liefert die Seiten so, wie sie später auch im fertigen Buch oder in der Zeitschrift aussehen werden, und der Drucker braucht sie dann einfach nur noch zu vervielfältigen.

Umbruch Die zweite Stufe der Buchentstehung nach den Korrekturfahnen. Noch sind die einzelnen Buchseiten lose, aber sie sehen schon ganz genauso aus, wie sie später im Buch sein werden, und haben auch schon ihre endgültigen Seitenzahlen.

Vergriffen … nennt man ein Buch oder eine Zeitschrift, wenn alle gedruckten Exemplare verkauft sind.

Verramschen Wenn ein Buch sich ein paar Jahre lang schlecht verkauft, wird es billiger abgegeben und landet dann auf den Wühltischen von Kaufhäusern – es wird verramscht. Wird der Verlag das Buch auf diese Weise auch nicht los, wird es eingestampft, das heißt wieder zu Papiermatsch verarbeitet.

Verreißen Vernichtende Kritik an einem Text üben.

Vita / Damit ist einfach eine »Kurzbiografie« in
Kurzvita ein paar Sätzen oder auf höchstens einer halben Seite gemeint. Was hineingehört, kannst

du auf Seite 171 nachlesen. Sie wird gelegentlich auch Biobibliografie genannt, das ist ein künstliches Wort, das sich aus »Biografie« (Lebensbericht) und »Bibliografie« (Verzeichnis dessen, was man schon veröffentlicht hat) zusammensetzt.

Volontariat Journalisten- bzw. Lektorenausbildung, meist ein oder zwei Jahre »Lehrzeit« bei einer Zeitung, einer Zeitschrift, einem Sender oder Verlag.

Vorschau Katalog der neuen Frühjahrs- oder Herbst-Bücher eines Verlages. Meist kommt die Vorschau schon einige Monate vor dem Erscheinen der Bücher heraus. Du bekommst sie im Buchhandel oder direkt vom Verlag.

VLB »**V**erzeichnis **L**ieferbarer **B**ücher«. Früher war es in Form von fetten Wälzern erhältlich, heute existiert es auch als Datenbank. Im Internet findest du es unter www.buchhandel.de

Website (Wird ausgesprochen » *Webßeit*«). Das Wort bezeichnet einfach einen Ort im Internet. Man könnte meist genauso gut »Homepage« sagen, aber die meisten Firmen, Organisationen etc. bevorzugen das Wort *Website*.

Webzine, Webzeitschrift (Literatur-)Zeitschrift, die nur im Internet existiert.

Quellen der Beispiele

Vielleicht hat dir ja das eine oder andere Textbeispiel so gefallen, dass du Lust hättest, dir das komplette Buch aus der Bibliothek zu holen. Hier findest du die Quellen:

Geschichten schreiben

S. 16: Salman Rushdie, *Harun und das Meer der Geschichten*, Droemer Knaur, München 1998

S. 20: A. M. Holmes, *Jack*, Arena Verlag, Würzburg 5. Auflage 1995, Dt. Jugendliteraturpreis 1993

S. 27: Kirsten Boie, Der *Prinz und der Bottelknabe oder Erzähl mir von Dow Jones*, Oetinger, Hamburg 1997, S. 150

S. 30: Nina Schindler, *Intercity*, anrich, Weinheim 1993

S. 31: Mirjam Pressler, *Kratzer im Lack*, Beltz & Gelberg, Weinheim 1987

S. 33: Madeleine L'Engle, *Die Zeitfalte*, Thienemann, Stuttgart 1984, S. 9

S. 34: Mark Twain, *Tom Sawyers Abenteuer*, Haffmanns, Zürich 1989, S. 13

S. 35: Cornelia Funke, *Drachenreiter*, Cecilie Dressler Verlag, Hamburg 1997, S. 11

S. 36: Mark Twain, *Tom Sawyers Abenteuer*, Haffmanns, Zürich 1989, S.16/17

S. 39:   Mario Giordano, *Der aus den Docks. Abenteuer im Hafen*, Rowohlt, Reinbek 1997, S. 25

S. 40:   Johanna Walser, *Vor dem Leben stehend*, Fischer, Frankfurt 1982, S. 98

S. 41:   Mario Giordano, *Franz Ratte taucht unter*, Rowohlt, Reinbek 2000, S. 5

S. 41:   Victor Kelleher, *Der Rote König*, Ellermann, München 1997, S. 7

S. 42:   Joanne K. Rowling, *Harry Potter und der Stein der Weisen*, Carlsen, Hamburg 1998, S. 5

Stil und Sprache

S. 51/52: Jeremy Rifkin, »Genetische Diskriminierung: Eine neue Form des sozialen Vorurteils«, *Süddeutsche Zeitung*, München, 29. Juni 2000

S. 53:   Gerald Durrell, *Nichts als Tiere im Kopf*, Rowohlt, Reinbek 1975, S. 22

S. 53:   Milan Kundera, *Die unerträgliche Leichtigkeit des Seins*, Fischer, Frankfurt 1987, S. 42

S. 54/55: Joan Aiken, *Schattengäste*, Diogenes, Zürich 1990, S. 170

S. 56:   Peter Handke, *Die Angst des Tormanns beim Elfmeter*, Suhrkamp, Frankfurt, 7. Auflage 1976, S. 10

S. 57:   Johannes R. Becher, »Der Dichter meidet strahlende Akkorde«, in: *Deutsche Gedichte. Eine Anthologie.* Hg. Dietrich Bode, Reclam, Stuttgart 1998, S. 275

S. 59/60: J. D. Salinger, *Der Fänger im Roggen*, Kiepenheuer und Witsch, Köln 1962, S. 7. (Zitat wurde von mir redigiert, da nicht zeitgemäß übersetzt)

S. 60: Bruno Brehm, *Aus der Reitschul'!. Ein autobiografischer Roman*, Leopold Stocker Verlag, Graz 2. Auflage 1951, S. 174

S. 63: Jonathan Swift, *Gullivers Reisen*, Winkler Verlag, München 1958, S. 250

S. 69: Charlotte Kerner, *Blueprint*, Beltz & Gelberg, Weinheim 1999, S. 83/84

S. 70: Gerald Traufetter, »Blitze aus der Datenwolke«, *Der Spiegel* Nr. 25/2000, Hamburg, S. 162

S. 70: Rafaela von Bredow und Mathias Müller von Blumencron, »Die Gen-Revolution«, *Der Spiegel* 26/2000, Hamburg, S. 79–80.

Gedichte schreiben

S. 75: Sarah Kirsch, »Wintermusik«, in: *Schneewärme*, DVA, München 1989, S. 47

S. 76: Günter Waldmann, *Produktiver Umgang mit Lyrik*, Schneider Verlag, Hohengehren 1999, S. 177–178 bzw. Kristiane Allert-Wybranietz: *Liebe Grüße. Neue Verschenktexte*, Lucy Körner, Fellbach 1983, 4. Auflage, S. 49.

S. 77: Hilde Domin, *Gesammelte Gedichte*, Fischer, Frankfurt 1987, S. 294

S. 78: Ezra Pound (1885–1972), »In einer Station der Metro«, aus: *Schon mal gelebt? Amerikanische Gedichte des 20.* Jahrhunderts, Hg. von Hans-Jürgen Heise und Annemarie Zornack, Neuer Malik Verlag, Kiel 1991, S. 42

S. 78: Hans Magnus Enzensberger, »Ein Hase im Rechenzentrum«, aus: *Zukunftsmusik*, Suhrkamp, Frankfurt 1991, S. 91–92

S. 79: (Oxymoron etc.): Günther Waldmann, *Produktiver Umgang mit Lyrik*, S. 165–166, Schneider Verlag, Hohengehren 1999

S. 80: Joseph von Eichendorff, »Zwielicht«, aus: *Das große deutsche Gedichtbuch. Von 1500* bis zur Gegenwart, Hg. Von Karl Otto Conrady, Artemis Winkler, Düsseldorf 1991, S. 257

S. 80: Cees Noteboom, »Adieu«, aus: *Gedichte*, Suhrkamp, Frankfurt 1992, S. 52

S. 82: Gerhard Rühm, »wegwerfgesellschaft«, aus: *Das große deutsche Gedichtbuch. Von 1500* bis zur Gegenwart, Hg. von Karl Otto Conrady, Artemis Winkler, Düsseldorf 1991, S. 712

S. 83: Ernst Jandl, *ottos mops* und *krieg und so*, aus: *Das große deutsche Gedichtbuch. Von 1500* bis zur Gegenwart, Hg. von Karl Otto Conrady, Artemis Winkler, Düsseldorf 1991, S. 706–707

S. 84: Michael Finzer, »Durst«, in: *Seitensprünge*, Hg. von Rita Rosen / Dietmar Weigel, Verlag Fachhochschule Wiesbaden, Wiesbaden 1999, S. 97

S. 84: Robert Gernhardt, »Diät-Lied (mit Ohrfeigenbegleitung)«, aus: *Lichte Gedichte*, Haffmanns, Zürich 1997, S. 39

S. 85: Rainer Maria Rilke, »Der Panther«, in: *Das große deutsche Gedichtbuch. Von 1500 bis zur Gegenwart*, Hg. von Karl Otto Conrady, Artemis Winkler, Düsseldorf 1991, S. 423

S. 86: Matthias Claudius, »Der Tod«, aus:
www.gedichte.com

S. 86: Helga M. Novak, »meine Sprache«, aus: *Das große deutsche Gedichtbuch. Von 1500 bis zur Gegenwart*, Hg. Von Karl Otto Conrady, Artemis Winkler, Düsseldorf 1991, S. 823 (1958)

S. 86/87: Ingeborg Bachmann, »Reklame«, aus: *Werke*, Hg. von Christine Koschel/Inge von Weidenbaum/Clemens Münster, Piper, München 1978, Bd. 1, S. 114

S. 88: Lawrence Ferlinghetti, aus: *Pictures of the Gone World*, aus: *Schon mal gelebt? Amerikanische Gedichte des 20.* Jahrhunderts, Hg. von Hans-Jürgen Heise/Annemarie Zornack, Neuer Malik Verlag, Kiel 1991, S. 80

S. 89: Dave Etter, »Schneelandschaft«, aus: *Schon mal gelebt? Amerikanische Gedichte des 20.* Jahrhunderts, Hg. von Hans-Jürgen Heise/Annemarie Zornack, Neuer Malik Verlag, Kiel 1991, S. 110

S. 89: Elke Erb, »Ein Schuldgefühl«, aus: *Das große deutsche Gedichtbuch. Von 1500 bis zur Gegenwart*, Hg. Von Karl Otto Conrady, Artemis Winkler, Düsseldorf 1991, S. 834

S. 90: Timm Ulrichs, in: *konkrete poesie. deutschsprachige autoren. anthologie*, Hg. v. Eugen Gomringer, Reclam, Ditzingen 1972, S. 141

S. 91: Basho, »Ein uralter Weiher …«, aus: pweb.uunet.de/kraus.e

S. 91: Johannes Ahne, unveröffentlichtes Haiku aus dem Archiv der Deutschen Haiku-Gesellschaft e.V.

S. 91: Dietmar Weigel, unveröffentlichtes Haiku, Wiesbaden 1995

S. 92: Limerick Leaders, www.coolwebsite.com/limericks.html

S. 93: Ernst Fabian, *Es gab einen Lehrer in Lehrte*, Hg. von Günther Debon. Verlag Brigitte Guderjahn, Heidelberg 2. Auflage 1998, S. 12

S. 94: Shakespeare, Sonett Nr. 18, aus: *Shakespeare's Sonette*, Nachdichtung von Karl Kraus, Diogenes, Zürich 1977, S. 25

S. 95: Friedrich Schiller, »Die Bürgschaft«, aus: *Deutsche Balladen von den Anfängen bis zur Gegenwart*, Hg. Hans Fromm, Hanser, München 10. Auflage 1985, S. 97–98

S. 96: Conrad Ferdinand Meyer, »Die Füße im Feuer«, aus: *Deutsche Balladen von den Anfängen bis zur Gegenwart*, Hg. Hans Fromm, Hanser, München 10. Auflage 1985, S. 238 ff.

Schreiben für Bühne, Film und Hörfunk

S. 101: Woody Allen, *Manhattan Murder Mystery. Drehbuch*, Diogenes, Zürich 1994, S. 9

S. 103: Syd Field, *Das Handbuch zum Drehbuch. Übungen und Anleitungen zu einem guten Drehbuch*, Zweitausendeins, Frankfurt 1991, S. 150–151

S. 109: Paul Maar, *Kindertheaterstücke*, Oetinger, Hamburg 1984, S. 73–74

S. 111: Ranka Keser, »Der nachlässige Empfänger«, München 1999 (Manuskript)

S. 117: Alfred Hitchcock, »Die??? und der Super-Papagei«, Hörspiel-Fassung, Tonstudio Europa, aus: www.rocky-beach.com/hoerspiel/ superpapagei01.htm

Fragen über Fragen

S. 159: John Steinbeck, *Jenseits von Eden*, dtv, München 1987

S. 160: *Janosch erzählt Grimm's Märchen*, Beltz & Gelberg, Weinheim 1978

Dank

Danken möchte ich vor allem Gerd Rumler, meinem Lektor bei Ellermann. Ohne seine Begeisterung für das Projekt hätte dieses Buch wohl noch viel länger auf seine »Geburt« warten müssen. Ranka Keser hat sich mal wieder unentbehrlich gemacht – durch ihre Freundschaft und Unterstützung, weil sie mir von ihren Reisen durchs Internet interessante Adressen mitbrachte und sich wieder mal als Testleserin zur Verfügung stellte. Auch mein Kollege Peter Felixberger stand mir immer mit Wort und Tat zur Seite.

Es hat Spaß gemacht, dieses Buch zu recherchieren. Deshalb herzlichen Dank an meine Interviewpartner, besonders Juliett Carpenter, Arwed Vogel, Katrin Stehle, Martin Ohrt von der Jugend-Schreib-Werkstatt Graz, Henning Fangauf vom Kinder- und Jugendtheaterzentrum, Bjørn Jagnow, Andreas Goetz, Mario Giordano, Cornelia Funke, Claudius Blume und Marie-Luise (Ma-Lu) Kunst.